数研 CⅡ715

教科書ガイド

数研出版 版

BLUE MARBLE English Communication Ⅱ

TEXT BOOK GUIDE

学習ブックス

本書の特色

●様々な角度から教科書内容をマスターできます。

教科書内容のサマリー(要約)，文法理解・重要表現習得・構文把握など，英語学習に必要な様々な要素をもれなく網羅した掲載内容で，バランスのよい英語学習と，効率的な教科書内容のマスターが可能になるように構成されています。

●予習と復習のどちらにも活用できます。

どのコーナーも，授業前の予習・授業後の復習，またはそのどちらにも活用することができます。学習要素を細かく分けているので，みなさんのその時点のニーズにあわせた学習要素の選択が可能で，必要なコーナーだけみなさんが望むタイミングで利用することができます。

●定期テスト対策として最適で，目標達成まで最短の自習書です。

各レッスンの最後には「定期テスト対策問題」を掲載しています。各レッスンで学習する重要な文法・構文の演習問題を掲載しています。この問題に取り組むことによって，定期テスト前の総仕上げをすることができ，みなさんの大きな自信につながります。

また，サマリー(要約)が載った各レッスンの冒頭を見直したり，レッスン後半の「文法のまとめ」で文法事項や重要表現を確認したり，レッスンごとに単語を確認できる巻末ページの「単語のまとめ」を活用したりすることも，定期テスト対策として効果的です。

CONTENTS

● 本書の構成

【LESSON 全体の Preview】

【Part 別 Summary】
問題を解きながら，内容の概略がつかめます。予習に最適です。

LESSON 1

Preview

Introduction

現代のリーダーはどうあるべきかがテーマ。ネルソン・マンデラや日本のラグビー界の伝説的な人物である平尾誠二の例を通し，また，将来予想されるAIの発達との兼ね合いでのリーダーのあり方も考えながら，求められるリーダー像とは何かを読み取ろう。

● Part 別に Summary を完成させよう ⋯⋯⋯⋯>

Part 1 現代のリーダーとはどのような人だろう。
以前の「リーダー」は，強くて自信に満ち，ほかの人に命令するような人物だったかもしれないが，現代のリーダーたちは（　(1)　）なチームを作り上げるために「（　(2)　）」を用いる。つまり，メンバーみんなを力づけ，コミュニケーションを向上させ，（　(3)　）を高めることに重きを置く。リーダーシップの技能を磨くことで，地域社会，（　(4)　），そして（　(5)　）を向上させることができる。

Part 2 なぜネルソン・マンデラはよいリーダーだったのだろう。
よいリーダーはほかの人たちを（　(6)　）に向かって協力しようという気にさせることができる。そのよい例がネルソン・マンデラだ。彼は（　(7)　）に対する抵抗運動を行ったため（　(8)　）されたが，重要な決定には責任をもつ一方，人の話に耳を傾け，人を（　(9)　）という優れた（　(10)　）をもち合わせていた。彼はそれが人々をまとめ上げるということを理解していたのである。

Part 3 どうすればソフトスキルを磨くことができるのだろう。
さまざまな（　(11)　）の人々と知り合うことによって，ソフトスキルを磨くことができる。日本のラグビー界の伝説的な人物である平尾誠二は，人脈を築く優れた力を持つリーダーで，多くの分野の人たちとの（　(12)　）を重視した。その結果，ラグビー外での（　(13)　）作りが新しいものの（　(14)　）をもたらし，それによってリーダーシップが向上した。さまざまな人々から重要な学びを得られると理解することが，（　(15)　）の向上へとつながる。

Part 4 AI がうまくできないことは何だろう。
近い将来，AI が多くの人間の仕事をするようになると予測されている。単純で（　(16)　）が多い仕事は AI にできるが，より（　(17)　）な仕事はできない。他者の（　(18)　）を読み取ることで効果的な人間同士の交流が可能になり，（　(19)　）を理解することで明確な判断ができる。これらのことは人間のリーダーシップの基本的な原理であり，簡単に（　(20)　）が取って代わることはできないのである。

Overview

● 各 Part について，適切なタイトルを選んでみよう ⋯⋯⋯⋯>

1. a. Qualities of Modern Leaders
   b. How to Give Directions
   c. Today's One-way Style o...
2. a. The History of South Af...
   b. A Good Example of a Mo...
   c. Fighting for Freedom in ...
3. a. Various Leadership Style...
   b. Hirao's Performance as ...
   c. One Way to Develop Soft Skills
4. a. Basic Knowledge of AI
   b. Limits of Human Leadership
   c. Tasks That Only Humans Can Do

【Overview】
レッスン冒頭の Overview の設問とヒントをのせています。予習に活用できます。

Hint 1. Part 1 では「現代のリーダーに必要な資質」について述べられている。
a. quality「資質」 b. direction「命令」 c. one-way「一方向の」
2. Part 2 では「ネルソン・マンデラはどのように優れていたか」が述べられている。
a. South Africa「南アフリカ」 c. fight for「～のために闘う」
3. Part 3 では「ソフトスキルの磨き方」について述べられている。
a. various「さまざまな」 c. way to「～する方法」
4. Part 4 では「AI ができることとできないこと」について述べられている。
a. basic knowledge「基礎知識」 b. limit「限界」 c. task「仕事」

● Summary 完成問題の答え ⋯⋯⋯> (1) 協力的 (2) ソフトスキル (3) チームワーク (4) 学校生活 (5) 自分自身 (6) 共通の目標 (7) アパルトヘイト (8) 投獄 (9) 信頼する (10) ソフトスキル (11) 分野 (12) 交流 (13) 人脈 (14) 見方 (15) ソフトスキル (16) 繰り返し (17) 複雑 (18) 感情 (19) 文脈 (20) AI

【Part 別解説ページ】

【本文を読もう】
構文を意識しながら教科書本文を読むことができます。

Part 1 What kin...

本文を読もう 意味...

❶ [1]What kind of qualities (do you think) a "leader" has? // [2]You might imagine a strong, confident person / [who gives directions to other people]. // [3]However, / such a one-way style of leadership has become less common. // [4]These days, / thanks to the Internet, / you can easily voice your opinions. // [5]This has resulted in more cooperative decision-making. //

❷ [6]Modern leaders use "soft skills" / (to build a cooperative team). // [7]These skills focus on empowering all members, / improving communication, / and enhancing teamwork. // [8]Successful 21st century leaders bring people together / by respecting all members' opinions. // [9]They lead through collaboration, / not by control. //

❸ [10]Today, / the world is changing at an incredible pace. // [11]To tackle ongoing global challenges, / it is helpful to learn about the importance of leadership. // [12]By developing leadership skills, / you can improve your community, / your school life, / and yourself. //

読解のポイント

▶ リーダー...
▶ 現代のリ...
▶ リーダーシ...

【本文の解説】
文単位で，扱われている文法や表現がくわしく解説されています。

1 What kind of qualities do you think a "leader" has?
・疑問詞で始まる疑問文に do you think が挿入された文。do you think のあとは〈主語＋動詞〉の語順になる。「どんな種類の～とあなたは思いますか」という意味。
確認問題 訳を完成させなさい。
どんな種類の（　　　　　　）とあなたは思いますか。

3 However, such a one-way style of leadership has become less common.
・such a one-way style of leadership が主語。such ～「そのような～」とはすぐ前の文で述べられた a strong, confident person who gives directions to other people を指す。「そのような一方的なスタイルのリーダーシップは」ということ。
・less common の less は more の反意語で，has become less common で「一般的でなくなってきている」の意味。KP
確認問題 次の英文の訳を完成させなさい。
This type of game has become less popular.
この種類のゲームは（　　　　　　）。

5 This has resulted in more cooperative decision-making.
・This はすぐ前の文の内容を指す。

7 These skills focus on empowering all members, improving communication, and enhancing teamwork.
・These skills はすぐ前の文で出てきた soft skills を指す。
・focus on *doing* で「～することに重点を置く」の意味。empowering，improving，enhancing の 3 つの ing 形が focus on の目的語になっている。KP

確認問題 訳を完成させなさい。
このスキルは，（　　　　　　）ことに重点を置く。

11 To tackle ongoing global challenges, it is helpful to learn about the importance of leadership.
・To tackle ongoing global challenges は「～するために」という目的の意味を表す副詞的用法の不定詞句。
・it は to learn 以下を指す。it is ... to ～「～することは…だ」の構文。
確認問題 訳を完成させなさい。
（　　　　　　）ために，（　　　　　　）が役に立つ。

確認問題の答え 1 資質を「リーダー」は持っている 3 人気がなくなってきている 7 メンバー全員を力づけ，コミュニケーションを向上させ，チームワークを高める 11 （現在）進行中の世界的な課題に取り組む／リーダーシップの重要性について学ぶこと

【文法のまとめ】【Key Phrases のまとめ】

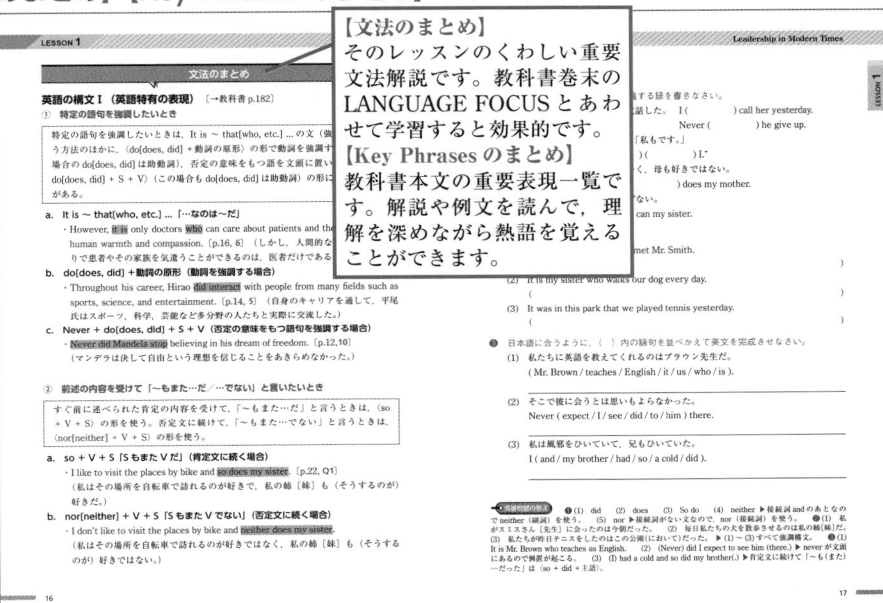

【定期テスト対策問題】

定期テスト前に取り組むと効果的です。重要文法や表現の定着に役立ちます。

LESSON 1

定期テスト対策問題

❶ 日本文に合う英文になるように，空所に適する語を書きなさい。

□(1) あなたはさまざまな分野の人々と交流すべきだ。
You should ______ ______ people from many fields.

□(2) 彼は彼のお兄さんより歌うのが得意かもしれない。
He may be ______ ______ singing than his brother.

□(3) その台風は今晩この地方を襲うと予想される。
It ______ ______ that the typhoon will hit this district tonight.

□(4) 彼女はその犬が怖くてあとずさりした。
She ______ ______ because she was scared of the dog.

❷ 英文を（ ）内の指示にしたがって書きかえなさい。

□(1) This movie is not as interesting as that one.（less を使ってほぼ同じ内容の文に）

□(2) Mike told me that news.（It で始めて，下線部を強調する文に）

□(3) Even children can solve this puzzle.（下線部を主語にして受動態の文に）

❸ 日本文に合う英文になるように，（ ）内の語句を並べかえなさい。

□(1) 彼は自分で正しい判断ができるほどの年齢だ。
He (enough / old / to / the right decision / make / is) by himself.
He ______ by himself.

□(2) 彼はパイロットになるという夢を決してあきらめなかった。
Never (give up / becoming / his dream / did / a pilot / he / of).
Never ______.

❹ 英文を日本文にしなさい。ただし，(3)は下線部のみ。

□(1) I did lock the door before leaving home.

□(2) On the one hand, she is a professional singer. On the other hand, she is a mother of three children.

□(3) He has a white dog and a black one. The former is two months old, while the latter is over ten years old.

22

Leadership in Modern Times

定期テストで出題されやすい読解問題で仕上げましょう。

LESSON 1

にしなさい。ただ

ネットは私たち

□(2) この本を読めば，あなた

読解

❻ 次の英文を読んで，あとの問いに答えなさい。

What kind of qualities do you think a "leader" has? You might imagine a strong, confident person who gives directions to other people. However, ①such a one-way style of leadership has become less common. These days, thanks to the Internet, you can easily voice your opinions. ②This has resulted in more cooperative decision-making.

Modern leaders use "soft skills" to build a cooperative team. These skills focus (③) empowering all members, improving communication, and enhancing teamwork. Successful 21st century leaders bring people together by respecting all members' opinions. ④They lead through collaboration, not by control.

Today, the world is changing (⑤) an incredible pace. To tackle ongoing global challenges, it is helpful to learn about the importance of leadership. By developing leadership skills, you can improve your community, your school life, and yourself.

(1) 下線部①・②が指す内容をそれぞれ日本語で書きなさい。
□① ______ ような一方的なスタイルのリーダーシップ
□② ______

(2) 本文の流れに合うように，③・⑤の（ ）に適する 1 語をそれぞれ書きなさい。
□③ ______ □⑤ ______

□(3) 下線部④を They の内容を示して，日本語にしなさい。

(4) 次の質問に英語で答えなさい。
□(a) What do modern leaders use to build a cooperative team?
They ______.
□(b) By developing leadership skills, what can you improve?
You ______.

23

LESSON 1 Leadership in Modern Times

Preview

Introduction

現代のリーダーはどうあるべきかがテーマ。ネルソン・マンデラや日本のラグビー界の伝説的な人物である平尾誠二の例を通し，また，将来予想されるAIの発達との兼ね合いでのリーダーのあり方も考えながら，求められるリーダー像とは何かを読み取ろう。

● Part 別に Summary を完成させよう

Part 1 現代のリーダーとはどのような人だろう。

以前の「リーダー」は，強くて自信に満ち，ほかの人に命令するような人物だったかもしれないが，現代のリーダーたちは（ (1) ）なチームを作り上げるために「（ (2) ）」を用いる。つまり，メンバーみんなを力づけ，コミュニケーションを向上させ，（ (3) ）を高めることに重きを置く。リーダーシップの技能を磨くことで，地域社会，（ (4) ），そして（ (5) ）を向上させることができる。

Part 2 なぜネルソン・マンデラはよいリーダーだったのだろう。

よいリーダーはほかの人たちを（ (6) ）に向かって協力しようという気にさせることができる。そのよい例がネルソン・マンデラだ。彼は（ (7) ）に対する抵抗運動を行ったため（ (8) ）されたが，重要な決定には責任をもつ一方，人の話に耳を傾け，人を（ (9) ）という優れた（ (10) ）をもち合わせていた。彼はそれが人々をまとめ上げるということを理解していたのである。

Part 3 どうすればソフトスキルを磨くことができるのだろう。

さまざまな（ (11) ）の人々と知り合うことによって，ソフトスキルを磨くことができる。日本のラグビー界の伝説的な人物である平尾誠二は，人脈を築く優れた力を持つリーダーで，多くの分野の人たちとの（ (12) ）を重視した。その結果，ラグビー外での（ (13) ）作りが新しいものの（ (14) ）をもたらし，それによってリーダーシップが向上した。さまざまな人々から重要な学びを得られると理解することが，（ (15) ）の向上へとつながる。

Part 4 AIがうまくできないことは何だろう。

近い将来，AIが多くの人間の仕事をするようになると予測されている。単純で（　(16)　）が多い仕事はAIにできるが，より（　(17)　）な仕事はできない。他者の（　(18)　）を読み取ることで効果的な人間同士の交流が可能になり，（　(19)　）を理解することで明確な判断ができる。これらのことは人間のリーダーシップの基本的な原理であり，簡単に（　(20)　）が取って代わることはできないのである。

Overview

● 各Partについて，適切なタイトルを選んでみよう ……………>

1. a. Qualities of Modern Leaders
   b. How to Give Directions to People
   c. Today's One-way Style of Leadership
2. a. The History of South Africa
   b. A Good Example of a Modern Leader
   c. Fighting for Freedom in African Countries
3. a. Various Leadership Styles
   b. Hirao's Performance as a Rugby Legend
   c. One Way to Develop Soft Skills
4. a. Basic Knowledge of AI
   b. Limits of Human Leadership
   c. Tasks That Only Humans Can Do

Hint 1. Part 1では「現代のリーダーに必要な資質」について述べられている。
a. quality「資質」 b. direction「命令」 c. one-way「一方向の」
2. Part 2では「ネルソン・マンデラはどのように優れていたか」が述べられている。
a. South Africa「南アフリカ」 c. fight for「～のために闘う」
3. Part 3では「ソフトスキルの磨き方」について述べられている。
a. various「さまざまな」 c. way to「～する方法」
4. Part 4では「AIができることとできないこと」について述べられている。
a. basic knowledge「基礎知識」 b. limit「限界」 c. task「仕事」

● Summary 完成問題の答え ……………> (1) 協力的　(2) ソフトスキル　(3) チームワーク　(4) 学校生活　(5) 自分自身　(6) 共通の目標　(7) アパルトヘイト　(8) 投獄　(9) 信頼する　(10) ソフトスキル　(11) 分野　(12) 交流　(13) 人脈　(14) 見方　(15) ソフトスキル　(16) 繰り返し　(17) 複雑　(18) 感情　(19) 文脈　(20) AI

Part 1 What kind of person is a modern leader?

教科書 p.10 ～ 11

本文を読もう 意味のまとまりを意識しながら読もう。

➊ [1]What kind of qualities (do you think) a "leader" has? // [2]You might imagine a strong, confident person / [who gives directions to other people]. // [3]However, / such a one-way style of leadership has become less common. // [4]These days, / thanks to the Internet, / you can easily voice your opinions. // [5]This has resulted in more cooperative decision-making. //

（注：What kind of どんな種類の／qualities 資質／NW confident 自信に満ちた／NW directions 命令／NW leadership リーダーシップ／KP less common より～でない／These days 近頃は／thanks to ～のおかげで／voice ～を表明する／resulted in ～につながる／NW cooperative 協力的な／decision-making 意思決定）

➋ [6]Modern leaders use "soft skills" / (to build a cooperative team). // [7]These skills focus on empowering all members, / improving communication, / and enhancing teamwork. // [8]Successful 21st century leaders bring people together / by respecting all members' opinions. // [9]They lead through collaboration, / not by control. //

（注：NW Modern 現代の／NW empowering ～に力を与える／to build ～を作り上げるために／KP focus on ～に重点を置く／NW enhancing ～を高める／bring ... together ～を団結させる／by respecting ～することによって／through ～を通して／not by ～によってではなく）

➌ [10]Today, / the world is changing at an incredible pace. // [11]To tackle ongoing global challenges, / it is helpful to learn about the importance of leadership. // [12]By developing leadership skills, / you can improve your community, / your school life, / and yourself. //

（注：NW incredible 信じられない／NW pace 速度／KP at an ... pace ～な速度で／NW tackle ～に取り組む／NW ongoing 進行中の／global 世界的な／challenges 課題／it = to learn ...／By developing ～することによって／improve ～を向上させる）

読解のポイント

- ▶ リーダーに必要な資質はどのようなものだろうか。
- ▶ 現代のリーダーとはどのような人だろうか。
- ▶ リーダーシップの重要性について学ぶことは何に役立つだろうか。

1 What kind of qualities do you think a "leader" has?

・疑問詞で始まる疑問文に do you think が挿入された文。do you think のあとは〈主語＋動詞〉の語順になる。「どんな種類の～とあなたは思いますか」という意味。

訳を完成させなさい。

どんな種類の（　　　　　　　　　　　　　　　　　　）とあなたは思いますか。

3 However, such a one-way style of leadership has become less common.

・such a one-way style of leadership が主語。such ～「そのような～」とはすぐ前の文で述べられた a strong, confident person who gives directions to other people を指す。「そのような一方的なスタイルのリーダーシップは」ということ。

・less common の less は more の反意語で，has become less common で「一般的でなくなってきている」の意味。KP

次の英文の訳を完成させなさい。

This type of game has become less popular.

この種類のゲームは（　　　　　　　　　　　　　　　　　　　　　　　）。

5 This has resulted in more cooperative decision-making.

・This はすぐ前の文の内容を指す。

7 These skills focus on empowering all members, improving communication, and enhancing teamwork.

・These skills はすぐ前の文で出てきた soft skills を指す。

・focus on *do*ing で「～することに重点を置く」の意味。empowering，improving，enhancing の3つの ing 形が focus on の目的語になっている。KP

訳を完成させなさい。

このスキルは，（　　　　　　　　　　　　　　　　　　　）ことに重点を置く。

11 To tackle ongoing global challenges, it is helpful to learn about the importance of leadership.

・To tackle ongoing global challenges は「～するために」という目的の意味を表す副詞的用法の不定詞句。

・it は to learn 以下を指す。it is ... to ～「～することは…だ」の構文。

訳を完成させなさい。

（　　　　　　　　　　　　）ために，（　　　　　　　　　　　　）が役に立つ。

1 資質を「リーダー」は持っている　3 人気がなくなってきている　7 メンバー全員を力づけ，コミュニケーションを向上させ，チームワークを高める　11 (現在)進行中の世界的な課題に取り組む / リーダーシップの重要性について学ぶこと

Part 2 Why was Nelson Mandela a good leader?

教科書 p.12～13

本文を読もう 意味のまとまりを意識しながら読もう。

❹ [1] Good leaders can motivate others to work together toward a common goal. // [2] They need to be confident enough to assert their own opinions. // [3] At the same time, / they sometimes need to be able to step back / and let others lead. // [4] A good example (of such a leader) was Nelson Mandela. //

motivate … to ～を…する気にさせる / common goal 共通の目標 / ➲解説 / NW assert ～を主張する / need to be ～である必要がある / confident 自信に満ちた / KP enough to …できるほど～ / At the same time 同時に / be able to ～できる / KP step back 後ろに下がる / let others lead Oを～させる / A good example: S, was: V, Nelson Mandela: C

❺ [5] In South Africa, / there was apartheid, / which discriminated heartlessly against people of color. // [6] Mandela led the resistance against that system / and was imprisoned for 27 years. // [7] On the one hand, / he took responsibility (to make important decisions). // [8] On the other hand, / he had excellent soft skills / of listening to and trusting others. // [9] He sometimes accepted his followers' opinions / even when they were different from his own. // [10] Never did Mandela stop believing in his dream of freedom, / and finally apartheid ended in the early 1990s. //

➲解説 / apartheid アパルトヘイト / NW discriminated ～を差別する / NW heartlessly 冷酷に / NW imprison ～を投獄する / led leadの過去形 / NW resistance 抵抗運動 / was imprisoned 投獄された / ➲解説 / KP On the one hand 一方では～ / NW responsibility 責任 / make important decisions 重要な決定をくだす / ➲解説 / KP On the other hand 他方では… / NW trusting ～を信頼する / ➲解説 / NW followers 支持者 / even when ～ときでさえ / different from ～と異なった / ➲解説 / KL never did S *do*〈倒置〉 / NW freedom 自由 / in the early 1990s 1990年代初めに

❻ [11] Mandela was one of the most successful leaders in modern times. // [12] He understood [that soft skills bring people together]. //

one of the most successful leaders 最も成功を収めたリーダーの1人 / He: S, understood: V, [that soft skills bring people together]: O

読解のポイント

▶ よいリーダーとはどんな人のことだろうか。

▶ ネルソン・マンデラはどんなことをしたのだろうか。

▶ ネルソン・マンデラは何を理解していたのだろうか。

2 They need to be confident enough to assert their own opinions.

・They はすぐ前の文の Good leaders を指す。

・～ enough to *do* は「…できるほど(十分)～」の意味を表す。KP

訳を完成させなさい。

彼らは，(　　　　　　　　　　)ほど(　　　　　　　　　　)必要がある。

5 In South Africa, there was apartheid, which discriminated heartlessly against people of color.

・～, which ... は関係代名詞の継続用法。先行詞は apartheid で，この語の補足的な説明が which 以下に続いている。

7 On the one hand, he took responsibility to make important decisions.

・文頭の On the one hand は次の文の文頭の On the other hand と相関して用いられ，「一方では～。他方では…」の意味を表す。KP

・he はこの文章の話題の中心である Mandela を指す。

・to make 以下は形容詞的用法の不定詞句で前の名詞 responsibility を修飾している。

8 On the other hand, he had excellent soft skills of listening to and trusting others.

・文頭の On the other hand については 7 の文の解説を参照。KP

・of 以下は直前の soft skills を修飾。「人の話に耳を傾け，人を信頼するという優れたソフトスキル」ということ。

9 He sometimes accepted his followers' opinions even when they were different from his own.

・even when は「～ときでさえ」。they は同じ文の his followers' opinions を指す。be different from ～は「～と異なる」。his own は his own opinions ということ。

10 Never did Mandela stop believing in his dream of freedom, and finally apartheid ended in the early 1990s.

・Never did Mandela stop の部分は，否定語の never が文頭に出て，そのあとの〈主語＋動詞〉の語順が逆になっている倒置の形。一般動詞を含む文では〈否定語＋do[does, did] ＋主語＋動詞の原形〉，助動詞を含む文では〈否定語＋助動詞＋主語＋動詞の原形〉，be 動詞を含む文では〈否定語＋ is[are]/was[were] ＋主語〉の語順になる。KL

・stop *do*ing は「～するのをやめる」，believe in は「～を信じる」。

・in the early ～s は「～年代の初めに」。

訳を完成させなさい。

マンデラは決して(　　　　　　　　　　　　　　　　　　　　)。

確認問題の答え　2　自分自身の意見を主張できる / 自信に満ちている　10　自由(になる)という夢を信じることをやめず，1990 年代の初めについにアパルトヘイトは終わった

Part 3 How can you develop soft skills?

教科書 p.14～15

本文を読もう 意味のまとまりを意識しながら読もう。

NW ～を使う
❼ [1] Investing time and energy in human relationships / helps build a stronger team. //
KP ～を…に使う　NW 関係　～するのに役立つ

[2] You can develop soft skills (by getting to know people from various fields). //
～することによって　さまざまな分野の

[3] Take the example of Hirao Seiji, a leader (with excellent networking skills). //
～の例を取り上げる　同格　NW 人脈を築くこと
➲解説

❽ [4] Hirao was a Japanese rugby legend, / who had great success as a team captain
NW ラグビー　NW 伝説的な人物　～として
➲解説　NW 交流する
and head coach. // [5] Throughout his career, / he did interact with people (from
～を通して　KL did *do*　KP ～と交流する
➲解説
many fields / such as sports, science, and entertainment). // [6] He explained, /
～のような　NW 芸能

"Networking outside rugby gave me new perspectives, / which improved my
S V O O

leadership." // [7] He was able to look at his own team more objectively and make it
～することができた　NW 客観的に　= his own team

better. // [8] His success at creating team harmony was greatly influenced by
～することにおける成功　NW 調和　～に大いに影響された
NW 交流
interaction with people (from other fields). //
～との交流

❾ [9] In modern society, / smart leaders realize / they can learn important lessons
S V they 以下が O
➲解説　～を成長させる
from many different kinds of people. // [10] Knowing this will allow you to develop
さまざまな種類の　KL 無生物 + allow + O + to *do*

your own soft skills. //

読解のポイント

▶ より強力なチームを作るのに何が役に立つだろうか。

▶ 平尾誠二はどのようにして成功を収めたのだろうか。

▶ 現代社会では，聡明なリーダーは何を理解しているのだろうか。

4 Hirao was a Japanese rugby legend, who had great success as a team captain and head coach.

・～, who ... は関係代名詞 who の継続用法。who 以下が a Japanese rugby legend の補足説明となっている。have great success は「大成功を収める」, as ～は「～として」。

5 Throughout his career, he did interact with people from many fields such as sports, science, and entertainment.

・did interact は，did *do* の形で，強調の do[does, did] の用法。do[does, did] のあとに動詞の原形を続けて，その動詞の意味を強調する。現在の内容のときは do[does] を，過去の内容のときは did を使う。訳すときは，内容によって「ぜひ，本当に，確かに」といった言葉を付け加えて訳すとよい。ここは，「～の人々と実際に交流した」といった意味になる。**KL** interact with は「～と交流する」。**KP**

・from 以下は people を修飾。such as は「～のような」の意味で，such as 以下に many fields の例が挙げられている。

次の英文の訳を完成させなさい。

I do want to go to that concert.

私は（　　　　　　　　　　　　　　　　　　　　　　　　）。

6 He explained, "Networking outside rugby gave me new perspectives, which improved my leadership."

(Networking outside rugby: S / gave: V / me: O / new perspectives: O)

・Networking ... new perspectives の部分は〈S+V+O+O〉の第 4 文型。outside は「～外の」。あとに主格の関係代名詞 which の継続用法が続いているが，前の部分全体を「そのことが…」と補足説明する形となっている。

訳を完成させなさい。

彼は，「ラグビー外での人脈作りが（

　　　　　　　　　　　　　　　　　　　　　　　　）」と説明した。

10 Knowing this will allow you to develop your own soft skills.

(Knowing this: S / will allow: V / you: O / to develop: to *do*)

・〈無生物 + allow + O + to *do*〉の文。直訳すると「～が O に…するのを許す［…させておく，…するのを可能にする］」という意味だが，無生物が主語のときは，主語の部分を副詞的に，目的語を主語として訳すと日本語らしい表現になる。**KL**

訳を完成させなさい。

このことを知れば，（　　　　　　）は（　　　　　　　　　　　　　）を成長させることができる。

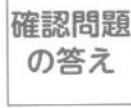

確認問題の答え

5 ぜひ［本当に］そのコンサートに行きたい　6 私に新しいものの見方をもたらし，そのことが私のリーダーシップを向上させた　10 あなた / 自分自身のソフトスキル

Part 4 What cannot be done well by AI?

教科書 p.16 ～ 17

本文を読もう 意味のまとまりを意識しながら読もう。

⑩ 1 It is expected that for many jobs, / humans will be replaced by artificial intelligence (AI) in the near future. // 2 Effective leadership skills can help you navigate an ever-changing society. //

（It is expected that：KP ～と予測される／replaced：NW ～に取って代わる／artificial：NW 人工の／intelligence：NW 知能／in the near future：近い将来／help you：KL 無生物＋help＋O＋*do*／navigate：NW ～を渡っていく／ever-changing：刻々と変化する）

⑪ 3 Some work tasks are simple and often repetitive, / while others are more complicated. // 4 The former can be done by AI, / while the latter cannot. // 5 In the medical field, / for instance, / AI may be better at diagnosing illnesses / than human doctors. // 6 However, / it is only doctors / who can care about patients and their families / with human warmth and compassion. //

（Some ... while others：～な…もあれば ～な…もある／tasks：NW 仕事／repetitive：NW 繰り返しが多い／complicated：複雑な／The former ... the latter：KP 前者は～，後者は…／cannot：KL〈省略〉／medical：NW 医学の／for instance：例えば／be better at：KP ～がより得意である／diagnosing：NW ～を診断する／it is ... who：KL 強調構文／care about：～を気遣う／patients：患者／warmth：NW 温かさ／compassion：NW 思いやり）

⑫ 7 Reading others' emotions is essential / (to have effective human interactions). // 8 Understanding context is also extremely important / (to make clear decisions). // 9 Both are fundamental principles of human leadership / and cannot easily be replaced by AI. //

（emotions：NW 感情／to 以下「～するために」／effective：効果的な／interactions：交流／context：NW 文脈／make clear decisions：明確な決断をする／fundamental：基本的な／principles：原理）

⑬ 10 Despite AI developments in the future, / leaders will still have to make difficult decisions. // 11 If you are in that situation, / how would you use your soft skills? //

（Despite：～にもかかわらず／still：依然として／make difficult decisions：難しい決断をする／situation：状況）

読解のポイント

▶ 近い将来，どんなことが予測されているのだろうか。

▶ AI ができることとできないことは何だろうか。

▶ AI の発達が予想される将来において，リーダーの役割はどうなるだろうか。

1 It is expected that for many jobs, humans will be replaced by artificial intelligence (AI) in the near future.

・It is expected that ... は「…と予測される」の意味を表す。KP

・will be replaced は〈助動詞＋ be ＋過去分詞〉の形で，助動詞を含む受動態。

訳を完成させなさい。

近い将来，（　　　　　　　　　　　　　　）と予測されている。

2 Effective leadership skills can help you navigate an ever-changing society.

・〈無生物＋ help ＋ O ＋ *do*〉の文。直訳すると，「～は O が…するのを助ける」という意味になるが，「～は O が…するのに役立つ，～のおかげで，O は…できる」のように訳すと日本語らしい表現になる。KL

訳を完成させなさい。

効果的なリーダーシップの技能は，あなたが（　　　　　　　　　　）。

4 The former can be done by AI, while the latter cannot.

・the former と the latter は相関的に使われていて，The former ～，while the latter ... で，「前者は～だが，後者は…」の意味になる。KP

ここでは，the former はすぐ前の文の Some work tasks (are simple and often repetitive)，the latter は others (are more complicated) を指す。つまり，「前者」は「単純で繰り返しが多い仕事」，「後者」は「もっと複雑な仕事」のこと。

・can be done は助動詞を含む受動態。文末の cannot のあとに文の前半で出てきた be done by AI が省略されている。KL

5 In the medical field, for instance, AI may be better at diagnosing illnesses than human doctors.

・be better at は be good at「～が得意である」の good が比較級になったもの 。may be better at ～ than ... で「…よりも～が得意であるかもしれない」。KP

訳を完成させなさい。

例えば，医学の分野では，AI は（　　　　　）よりも（　　　　　　　）。

6 However, it is only doctors who can care about patients and their families with human warmth and compassion.

・it is ～ who ... は強調構文。it is only ～ who can ... で「…できるのは～だけである」の意味になる。with 以下は副詞句で動詞 care を修飾。KL

訳を完成させなさい。

しかし，（　　　　　　　　　　　　　　）である。

確認問題の答え

1 多くの仕事において，人間が人工知能(AI)に取って代わられるだろう　2 刻々と変化する社会を渡っていくのに役立つ　5 人間の医者 / 病気を診断することが得意であるかもしれない　6 人間的な温かさと思いやりで患者やその家族を気遣うことができるのは医者だけ

文法のまとめ

英語の構文 I （英語特有の表現） 〔→教科書 p.182〕

① 特定の語句を強調したいとき

特定の語句を強調したいときは，It is ～ that[who, etc.] ... の文（強調構文）を使う方法のほかに，〈do[does, did] ＋動詞の原形〉の形で動詞を強調する方法（この場合の do[does, did] は助動詞），否定の意味をもつ語を文頭に置いて〈Never ＋ do[does, did] ＋ S ＋ V〉（この場合も do[does, did] は助動詞）の形にする方法などがある。

a. It is ～ that[who, etc.] ...「…なのは～だ」

・However, it is only doctors who can care about patients and their families with human warmth and compassion. 〔p.16, 6〕（しかし，人間的な温かさと思いやりで患者やその家族を気遣うことができるのは，医者だけである。）

b. do[does, did] ＋動詞の原形（動詞を強調する場合）

・Throughout his career, Hirao did interact with people from many fields such as sports, science, and entertainment. 〔p.14, 5〕（自身のキャリアを通して，平尾氏はスポーツ，科学，芸能など多分野の人たちと実際に交流した。）

c. Never ＋ do[does, did] ＋ S ＋ V（否定の意味をもつ語句を強調する場合）

・Never did Mandela stop believing in his dream of freedom. 〔p.12,10〕
（マンデラは決して自由という理想を信じることをあきらめなかった。）

② 前述の内容を受けて「～もまた…だ／…でない」と言いたいとき

すぐ前に述べられた肯定の内容を受けて，「～もまた…だ」と言うときは，〈so ＋ V ＋ S〉の形を使う。否定文に続けて，「～もまた…でない」と言うときは，〈nor[neither] ＋ V ＋ S〉の形を使う。

a. so ＋ V ＋ S「S もまた V だ」（肯定文に続く場合）

・I like to visit the places by bike and so does my sister. 〔p.22, Q1〕
（私はその場所を自転車で訪れるのが好きで，私の姉［妹］も（そうするのが）好きだ。）

b. nor[neither] ＋ V ＋ S「S もまた V でない」（否定文に続く場合）

・I don't like to visit the places by bike and neither does my sister.
（私はその場所を自転車で訪れるのが好きではなく，私の姉［妹］も（そうするのが）好きではない。）

演習問題

❶ 日本語に合うように，（　）に適する語を書きなさい。

(1) 私は昨日，確かに彼女に電話した。　I (　　　　) call her yesterday.

(2) 彼は決してあきらめない。　Never (　　　　) he give up.

(3) 「私はテニスが好きです。」「私もです。」
"I like tennis." "(　　　　) (　　　　) I."

(4) 私はコーヒーが好きではなく，母も好きではない。
I don't like coffee, and (　　　　) does my mother.

(5) 私は泳げなくて，妹も泳げない。
I can't swim, (　　　　) can my sister.

❷ 英文を日本語にしなさい。

(1) It was this morning that I met Mr. Smith.
(　　　　　　　　　　　　　　　　　　　　)

(2) It is my sister who walks our dog every day.
(　　　　　　　　　　　　　　　　　　　　)

(3) It was in this park that we played tennis yesterday.
(　　　　　　　　　　　　　　　　　　　　)

❸ 日本語に合うように，（　）内の語句を並べかえて英文を完成させなさい。

(1) 私たちに英語を教えてくれるのはブラウン先生だ。
(Mr. Brown / teaches / English / it / us / who / is).

____

(2) そこで彼に会うとは思いもよらなかった。
Never (expect / I / see / did / to / him) there.

____

(3) 私は風邪をひいていて，兄もひいていた。
I (and / my brother / had / so / a cold / did).

____

演習問題の答え　❶(1) did　(2) does　(3) So do　(4) neither ▶接続詞 and のあとなので neither（副詞）を使う。　(5) nor ▶接続詞がない文なので，nor（接続詞）を使う。　❷(1) 私がスミスさん［先生］に会ったのは今朝だった。　(2) 毎日私たちの犬を散歩させるのは私の姉[妹]だ。　(3) 私たちが昨日テニスをしたのはこの公園(において)だった。 ▶(1)～(3)すべて強調構文。　❸(1) It is Mr. Brown who teaches us English.　(2) (Never) did I expect to see him (there.) ▶never が文頭にあるので倒置が起こる。　(3) (I) had a cold and so did my brother(.) ▶肯定文に続けて「～も(また)…だった」は〈so + did + 主語〉。

③ 文脈からわかる語句を省略する

英語では，文脈から明らかな語句を省略する傾向にある。繰り返しになる語句や，副詞節を導く接続詞のあとの，主節と同じ主語と be 動詞の省略などである。

a. 繰り返しになる語句

・The former tasks can be done by AI, while the latter cannot (be done by AI).
〔p.16, **4**〕
（前者の仕事は AI が行うことができるが，後者は(AI が行うことは)できない。）

b. 接続詞のあとの〈S + be 動詞〉 ※副詞節の主語が主節の主語と同一のとき

・Though (it is) small, Karuizawa is an attractive town.〔p.22, **Q1**〕
（小さいけれども，軽井沢は魅力的な町だ。）

④ 物事を主語にして「…が人に～させる」を表現する

英語では，物や事柄を主語にして，〈S（物事） + V + O（人） + *do*[to *do*]〉の形で，「…が人に～させる」という意味を表す構文がいくつかある。こういった文を日本語にするときは，主語である物事を副詞的に，目的語となる「人」を主語として訳すと自然な日本語になる場合が多い。

a. make[help] + O + *do* / allow[enable] + O + to *do*
「〔(物が)O に～させる→〕（物によって）O は～できる」

・Effective leadership skills can help you navigate an ever-changing society.
〔p.16, **2**〕
（効果的なリーダーシップの技能は，あなたが刻々と変化する社会をうまく切り抜けるのに役立つ。）

・Knowing this will allow you to develop your own soft skills.〔p.14, **10**〕
（これを知っていることで，あなたは自分自身のソフトスキルを磨くことができるだろう。）

b. bring[take, lead] + O + to ～
「〔(物が)O を～へ連れて行く[来る] →〕（物によって)O は～へ行ける[来られる]」

・Only one hour's ride by *shinkansen* takes you from Tokyo to Karuizawa.
〔p.22, **Q1**〕
（新幹線に 1 時間乗りさえすれば，（あなたは）東京から軽井沢へ行くことができる。）

演習問題

❶ 省略された語句を補って書き換えるとき，（　）に適する語を書きなさい。

(1) Please help me if you can.
→Please help me if you can (　　　　) (　　　　).

(2) She tried to open the jar, but couldn't.
→She tried to open the jar, but (　　　　) couldn't (　　　　) it.

(3) He lived here when young.
→He lived here when (　　　　) (　　　　) young.

❷ 日本語に合うように，（　）に適する語を書きなさい。

(1) 悪天候のせいで子どもたちは家にいなければならなかった。
The bad weather (　　　　) children (　　　　) home.

(2) この本はあなたがそのレポートを書くのに役立つだろう。
This book will (　　　　) you (　　　　) the report.

(3) 薬に関する知識があることで，彼は私にアドバイスすることができた。
His knowledge of medicine (　　　　) him (　　　　) give me some advice.

(4) ここから５分歩けば駅に着きますよ。
A five-minute walk from here will (　　　　) you (　　　　) the station.

❸ 日本語に合うように，（　）内の語句を並べかえて英文を完成させなさい。

(1) もしそこへ行かなければならないなら，行きますよ。
I (go / I / if / will / have / there / to).

____

(2) 私は行きたくなかったが，彼らと一緒に買い物に行った。
I (want / shopping / with them / went / to / though / didn't / I).

____

(3) インターネットのおかげで私たちは簡単に情報を得られる。
The Internet (information / get / us / easily / to / enables).

____

演習問題の答え ❶(1) help me (2) she, open (3) he was ▶時を表す副詞節の中では，主節と同じ主語とbe動詞は省略可能。 ❷(1) made, stay (2) help, write ▶〈help + O + *do*〉「Oが～するのを助ける（→～するのに役立つ）」 (3) allowed, to ▶〈allow + O + to *do*〉「(物が)Oに～させる」→「(物によって)Oは～できる」 (4) take, to ❸(1) (I) will go there if I have to(.) ▶have toのあとにgo thereが省略された文にする。 (2) (I) went shopping with them though I didn't want to(.) ▶want toのあとにgo shopping with themが省略された文にする。 (3) (The Internet) enables us to get information easily(.) ▶〈enable + O + to *do*〉「Oに～することを可能にする」

Key Phrases のまとめ

(ページ)

10	□ **less ＋原級** ▶ less は little の比較級。	より～でない
10	□ **focus on** This project is *focusing on* large cities. (このプロジェクトは大都市に重点を置いている)	～に重点を置く，～を重視する
10	□ **at a ～ pace** Let's climb *at a* slow *pace*.（ゆっくりした速度で登りましょう）	～な速度で
12	□ **～ enough to *do*** He is old *enough to have* a driver's license. (彼は運転免許を持つのに十分な年齢に達している)	…できるほど～
12	□ **step back** Please *step back*.（後ろに下がってください）	後ろに下がる
12	□ **on the one hand, ～ (on the other hand, ...)** ▶ 2 つのうちの one「一方」と the other「もう一方」を対比させた言い方。	一方では～（他方では…）
14	□ **invest ～ in ...** Don't *invest* your energy *in* such a thing. (そんなことにエネルギーを使ってはいけません)	～を…に使う
14	□ **interact with** He wants to *interact with* as many foreign people as possible. (彼はできるだけたくさんの外国人と交流したいと思っている)	～と交流する
16	□ **it is expected (that) ...** *It is expected* (*that*) it will be colder this winter than the last. (この冬はこの前の冬より寒くなると予測されている)	～と予測される
16	□ **the former ～, the latter ...** I have a sister and a brother. *The former* is an elementary school student, and *the latter* is a junior high school student. (私は妹と弟がいる。前者は小学生で，後者は中学生だ)	前者は～，後者は…
16	□ **be good at** She *is good at* math.（彼女は数学が得意だ）	～が得意である

演習問題

❶ 日本語に合うように，空所に適語を書きなさい。

(1) このゲームは以前ほど人気がなくなった。
This game became (　　　　) (　　　　) than before.

(2) 彼は英語を話す練習に重点を置いている。
He is (　　　　) (　　　　) practicing speaking English.

(3) 人々は後ろに下がり，線の内側にいた。
People (　　　　) (　　　　) and stayed behind the line.

(4) 彼はいろいろな人と交流しようとした。
He tried to (　　　　) (　　　　) many kinds of people.

(5) 彼女はピアノを弾くのが得意だ。
She is (　　　　) (　　　　) playing the piano.

❷ 英文を日本語にしなさい。ただし，(6) は下線部のみ。

(1) That country developed at a moderate pace.
(　　　　　　　　　　　　　　　　　　　　)

(2) He is clever enough to solve that problem by himself.
(　　　　　　　　　　　　　　　　　　　　)

(3) On the one hand, he is an actor. On the other hand, he is an excellent dancer.
(　　　　　　　　　　　　　　　　　　　　)

(4) She invested time in learning some foreign languages.
(　　　　　　　　　　　　　　　　　　　　)

(5) It is expected that more than 5,000 people will come to the concert.
(　　　　　　　　　　　　　　　　　　　　)

(6) Helen and Judy are my friends. <u>The former is from Canada, and the latter is from Australia.</u>
(　　　　　　　　　　　　　　　　　　　　)

演習問題の答え ❶ (1) less popular (2) focusing on (3) stepped back (4) interact with (5) good at ❷ (1) その国は適度な速度で成長[発達]した。 (2) 彼はひとりで[独力で]その問題を解ける[解決できる]ほど賢い。 (3) 一方では彼は俳優だ。他方では，彼は優れた踊り手[ダンサー]だ。 (4) 彼女はいくつかの外国語を学ぶことに時間を使った。 (5) 5,000 人を超える人々がコンサートに来ると予想される。 (6) 前者はカナダ出身で，後者はオーストラリア出身だ。

定期テスト対策問題

❶ 日本文に合う英文になるように，空所に適する語を書きなさい。

□(1) あなたはさまざまな分野の人々と交流すべきだ。
You should ________ ________ people from many fields.

□(2) 彼は彼のお兄さんより歌うのが得意かもしれない。
He may be ________ ________ singing than his brother.

□(3) その台風は今晩この地方を襲うと予想される。
It ________ ________ that the typhoon will hit this district tonight.

□(4) 彼女はその犬が怖くてあとずさりした。
She ________ ________ because she was scared of the dog.

❷ 英文を（　）内の指示にしたがって書きかえなさい。

□(1) This movie is not as interesting as that one.（less を使ってほぼ同じ内容の文に）

____

□(2) Mike told me that news.（It で始めて，下線部を強調する文に）

____

□(3) Even children can solve this puzzle.（下線部を主語にして受動態の文に）

____

❸ 日本文に合う英文になるように，（　）内の語句を並べかえなさい。

□(1) 彼は自分で正しい判断ができるほどの年齢だ。
He (enough / old / to / the right decision / make / is) by himself.
He ____________________________ by himself.

□(2) 彼はパイロットになるという夢を決してあきらめなかった。
Never (give up / becoming / his dream / did / a pilot / he / of).
Never ____________________________.

❹ 英文を日本文にしなさい。ただし，(3)は下線部のみ。

□(1) I did lock the door before leaving home.

____

□(2) On the one hand, she is a professional singer. On the other hand, she is a mother of three children.

____

□(3) He has a white dog and a black one. The former is two months old, while the latter is over ten years old.

____

❺ 日本文を英文にしなさい。ただし，(　) 内の語を使うこと。

□(1) インターネットは私たちが多くの人の意見を知るのに役立つ。(help)

____

□(2) この本を読めば，あなたは宇宙について学ぶことができるでしょう。(allow)

____

読解

❻ 次の英文を読んで，あとの問いに答えなさい。

What kind of qualities do you think a "leader" has? You might imagine a strong, confident person who gives directions to other people. However, ①<u>such a one-way style of leadership</u> has become less common. These days, thanks to the Internet, you can easily voice your opinions. ②<u>This</u> has resulted in more cooperative decision-making.

Modern leaders use "soft skills" to build a cooperative team. These skills focus (　③　) empowering all members, improving communication, and enhancing teamwork. Successful 21st century leaders bring people together by respecting all members' opinions. ④<u>They lead through collaboration, not by control.</u>

Today, the world is changing (　⑤　) an incredible pace. To tackle ongoing global challenges, it is helpful to learn about the importance of leadership. By developing leadership skills, you can improve your community, your school life, and yourself.

(1) 下線部①・②が指す内容をそれぞれ日本語で書きなさい。

□① ______________________ ような一方的なスタイルのリーダーシップ

□② ______________________

(2) 本文の流れに合うように，③・⑤の（　）に適する 1 語をそれぞれ書きなさい。

□③ __________　　□⑤ __________

□(3) 下線部④を They の内容を示して，日本語にしなさい。

____

(4) 次の質問に英語で答えなさい。

□(a) What do modern leaders use to build a cooperative team?

They ______________________________.

□(b) By developing leadership skills, what can you improve?

You ______________________________.

定期テスト対策問題の解答・解説

❶ (1) interact with　(2) better at　(3) is expected　(4) stepped back

解説 (1)「～と交流する」は interact with。

(2)「～が得意である」は be good at。「～より得意」なので，good を比較級にする。

(3)「～と予想される」は it is expected (that) …。

(4)「あとずさりする」は step back「後ろに下がる」で表す。

❷ (1) This movie is less interesting than that one.

(2) It was Mike who[that] told me that news.

(3) This puzzle can be solved even by children.

解説 (1)「この映画はあちらのほどおもしろくない」という内容を，〈less + 原級 + than ～〉の形で表す。

(2) It was ～ who[that] …「…したのは～だった」という強調構文にする。「～」にくる語が「人」を表す場合は，that の代わりに who を使うことができる。

(3) 助動詞を含む受動態〈助動詞 + be ＋過去分詞〉にする。

❸ (1) (He) is old enough to make the right decision (by himself.)

(2) (Never) did he give up his dream of becoming a pilot(.)

解説 (1)「…できるほど～」は～ enough to *do*。

(2) 否定語である never を文頭に置くことにより，倒置が起こる。〈否定語＋ did ＋主語＋動詞の原形〉の語順になる。

❹ (1) 私は家を出る前に確かにドアに鍵をかけた。

(2) 一方では彼女はプロの歌手だ。他方では彼女は３人の子どもの母親だ。

(3) 前者は生後２か月であるのに対し，後者は 10 歳を超えている。

解説 (1) did lock は〈did ＋動詞の原形〉の形で，did は強調の do の過去形。

(2) on the one hand, ～ on the other hand, …は「一方では～，他方では…」。

(3) the former ～ , the latter … は「前者は～，後者は…」。

❺ (1) The Internet helps us know many people's opinions.

(2) This book will allow you to learn about space.

解説 (1) 〈無生物主語＋ help ＋ O ＋ *do*〉「〜は O が…するのに役立つ」で表す。

(2) allow を使うよう指示があるので,「この本はあなたが宇宙について知ることを可能にするでしょう」と日本語を置きかえて,〈無生物主語＋ allow ＋ O ＋ to *do*〉「〜が O に…するのを許す[…させておく，…するのを可能にする]」で表す。

❻ (1)① (強くて，自信に満ちていて,)ほかの人に命令する

② (最近は,)インターネットのおかげで，簡単に自分の意見を述べることができること

(2)③ on ⑤ at

(3) 活躍する 21 世紀のリーダーたちは，支配によってではなく，協力によって率いる。

(4)(a) (They) use "soft skills"(.)

(b) (You) can improve your community, your school life, and yourself(.)

解説 (1)① すぐ前の文の a strong, confident person who gives directions to other people の部分をもとにして答える。

② すぐ前の文の内容を指す。

(2)③ focus on で「〜に重点を置く，〜を重視する」。

⑤ at a 〜 pace で「〜な速度で」。

(3) They はすぐ前の文の Successful 21st century leaders を指す。through 〜, not by ... は「…によってではなく，〜を通して」。

(4)(a) 「現代のリーダーたちは，協力的なチームを作り上げるために何を使うか」という質問。本文第 2 段落の最初の文参照。

(b) 「リーダーシップの技能を磨くことによって，何を向上させることができるか」という質問。本文第 3 段落，最後の文参照。

LESSON 2

The Diversity of Traditional Houses

Preview

Introduction

世界各地のさまざまな形態の伝統的な住居がテーマ。日本の伝統的住居をはじめ，地中海沿岸諸国の家，モンゴルの遊牧民のゲルなどを通してそれぞれの特徴を知り，伝統的な住居の多様性の理由や，伝統的な住居の保全について考えよう。

● Part 別に Summary を完成させよう

Part 1 木造家屋の特徴はどのようなものだろうか。

伝統的な住居が世界各地で異なるのは，自分たちの（　(1)　）に適した地元の資源を用いて家を建てるからだ。多くの（　(2)　）資源が利用できるので，日本の伝統的な住居は（　(3)　）でできている。木は，日本の（　(4)　）の高い気候や頻繁に起こる（　(5)　）に対応できるすぐれた性質を持っている。日本人は快適な家をめざして，巧みに木を利用する方法を学んできた。

Part 2 白壁の家の特徴は何だろうか。

（　(6)　）沿岸諸国では，（　(7)　）の家の美しい街並みが多い。（　(8)　）からとれる漆喰(しっくい)で覆われたものだが，古代以来，ここには白い石灰岩が豊富にあった。これらの家は美しいだけでなく実用的でもある。第一の利点は，白壁は強い（　(9)　）を反射するので，室内の温度を涼しく保つのに役立つ。第二の利点は，漆喰は水をはじいて殺菌もするため，屋根に降り注ぐ（　(10)　）を集めて日常使いにすることが可能である。

Part 3 伝統的なゲルの特徴は何だろうか。

モンゴルの（　(11)　）は家畜に新しい（　(12)　）を見つけるために季節ごとに旅をする。彼らの住居は（　(13)　）と呼ばれ，モンゴルの多様な気候と遊牧民の移動式の生活様式に適したユニークな特徴がある。トーノと呼ばれる（　(14)　）は快適な気温を維持するためのものだ。自然素材でできたゲルは軽く，組み立てや解体が容易で，（　(15)　）に便利である。

Part 4 伝統的な住居を保全することの価値は何だろうか。

世界中の人々は，快適に生活する解決策をさぐる中で，その土地にある材料を上手に使用してきた。(　(16)　) な住居が世界中で多様な形態となっているのはそのためである。対照的に，新しく建てられた住居には便利な (　(17)　) が備わっているが，どれも似通っている。現在，(　(18)　) な建物の利点が認識されつつある。世界中の多くの (　(19)　) が，伝統的な住居を観光目的に利用している。伝統的な住居を保全することは，(　(20)　) に利益をもたらすのみならず，地域文化も向上させる。

Overview

各 Part について，適切なタイトルを選んでみよう

1. a. Various Wooden Houses Around the World
   b. The History of Dealing with Earthquakes
   c. Traditional Wooden Houses in Japan
2. a. Advantages of White-walled Houses
   b. An Idea to Collect Rainwater for Daily Use
   c. A Solution to High Temperatures in Summer
3. a. House Materials of Mongolian Nomads
   b. Features of Mongolian Nomads' Houses
   c. Surviving the Hard Climate in Mongolia
4. a. Becoming a World Heritage Site
   b. The Value of Traditional Houses
   c. The Importance of Utilities in Houses

Hint 1. Part 1 では「日本の伝統的な住居」について述べられている。
a. wooden「木の」 b. deal with「～に取り組む」 c. traditional「伝統的な」
2. Part 2 では「地中海沿岸諸国の伝統的な住居」について述べられている。
a. advantage「利点」 b. collect「～を集める」 c. solution「解決策」
3. Part 3 では「モンゴルの遊牧民の伝統的な住居」について述べられている。
a. material「材料」 Mongolian nomad「モンゴルの遊牧民」 b. feature「特徴」
c. survive「～を乗り切る」
4. Part 4 では「伝統的な住居の保全」について述べられている。
a. World Heritage Site「世界遺産」 b. value「価値」 c. utility「設備」

Summary 完成問題の答え (1) 自然環境 (2) 森林 (3) 木 (4) 湿度 (5) 地震 (6) 地中海 (7) 白壁 (8) 石灰岩 (9) 日光 (10) 雨水 (11) 遊牧民 (12) 牧草地 (13) ゲル (14) 天窓 (15) 運搬 (16) 伝統的 (17) 設備 (18) 伝統的 (19) 地方自治体 (20) 地域経済

Part 1 What are the features of wooden houses?

教科書 p.26～27

本文を読もう 意味のまとまりを意識しながら読もう。

❶ [1] Why are traditional houses so different all around the world? // [2] It is because people use local resources [which suit their natural environment]. // [3] Traditional houses offer a comfortable way of living in each country. // [4] Those in Japan are made of wood / because there are a lot of forest resources available. //

伝統的な／世界中で／(それは)～だからだ／地元資源／～に適する／自然環境／NW 快適な／暮らし方／＝traditional houses／KP ～でできている／～なので／森林資源／NW 利用できる

❷ [5] Wood is the most popular building material in Japan for a number of reasons. // [6] First, / it is suitable for Japan's humid climate. // [7] Wood absorbs a lot of the moisture inside a house. // [8] Second, / such houses are highly resistant to earthquakes. // [9] Wood can bend and absorb the shock of tremors. // [10] Since earthquakes often hit Japan, / traditional houses make effective use of wooden pillars and beams, / which enhance their resistance. // [11] In fact, / Japanese people learned how to use wood in many clever ways / (to make houses more comfortable). //

建築資材／いくつかの～／第一に／NW 適している／NW 湿度の高い／気候／NW ～を吸収する／NW 湿気／～の内部の／第二に／非常に／NW 耐性がある／地震／NW しなる／NW 揺れ／～なので／～を襲う／効果的な／KP ～を利用する／NW 木の／柱／梁／～を高める／耐震性／実際／～のしかた／多くの上手な方法で／家をより快適にするために

(解説: 2, 4, 10, 11)

読解のポイント

▶ 伝統的な住居が世界各地で異なるのはなぜだろうか。

▶ 日本の伝統的な住居は何でできているのだろうか。

▶ 木が日本で最も一般的な建築資材なのはなぜだろうか。

2 It is because people use local resources which suit their natural environment.

・It is because ～はすぐ前の文の Why ～？「なぜ～」の問いかけに対する答えとして「(それは) ～だからだ」と理由を述べている。

・which は関係代名詞で，which 以下が local resources を修飾。

確認問題

次の日本文に合う英文を完成させなさい。
なぜあなたは数学を勉強するのが好きなのですか。
—— 難しい問題が解けると満足感が得られるからです。
Why do you like studying mathematics?
—— It (　　　) (　　　) I feel satisfaction when I can solve difficult problems.

4　Those in Japan are made of wood because there are a lot of forest resources available.

・Those は前の文で出てきた traditional houses を指す。「日本の伝統的な住居」ということ。because 以下は理由を表す従属節。
・are made of は「～でできている」の意味で，of のあとには通例材料（見たときにもとの材質がわかる場合）を表す名詞が続く。**KP**

〈参考〉be made from も「～でできている」の意味を表すが，from のあとには通例原料（加工されて材質が変化している場合）を表す名詞が続く。

確認問題

訳を完成させなさい。ただし，Those の内容を示すこと。
(　　　) ので, (　　　) は (　　　)。

10　Since earthquakes often hit Japan, traditional houses make effective use of wooden pillars and beams, which enhance their resistance.

・文頭の Since は理由を表す接続詞で，「～なので」の意味。
・make use of は「～を利用する」の意味。make effective use of は「～を効果的に利用する」の意味になる。**KP**
・which は関係代名詞の継続用法で，前の部分の補足説明となっている。

確認問題

訳を完成させなさい。
日本はしばしば (　　　), (　　　), それが (　　　)。

11　In fact, Japanese people learned how to use wood in many clever ways to make houses more comfortable.

・how to は〈疑問詞＋to 不定詞〉の形で，「～のしかた，～する方法」。ways までが learned の目的語となっている。
・to make 以下は「～するために」の意味を表す副詞的用法の不定詞句。〈make＋O＋形容詞〉で「O を～（の状態）にする」。

確認問題

訳を完成させなさい。
実際に, 日本人は (　　　) ために, (　　　) を学んだ。

確認問題の答え
2　is because　4　多くの森林資源が利用できる / 日本の伝統的な住居 / 木でできている　10　地震に襲われるので / 伝統的な住居は木の柱や梁を効果的に利用していて / 耐震性を高めている　11　家をより快適にする / 多くの上手な手段で木を活用する方法

Part 2 What are the features of white-walled houses?

本文を読もう 意味のまとまりを意識しながら読もう。

❸ [1] In Mediterranean(地中海(沿岸)の) countries such as(～のような) Greece, / we can often see beautiful towns / filled with(KP ～でいっぱいの) white-walled(白壁の) houses. // [2] These walls are covered with(KP ～で覆われている) lime plaster(漆喰), / which comes from limestone(石灰岩). // [3] Since(～以来) ancient times(古代), / this white limestone has been plentiful(NW 豊富な) there(＝in Mediterranean countries). // [4] While(～の一方で) these houses are beautiful, / they are also quite practical(NW 実用的な). //

❹ [5] In fact(実際), / these white-walled houses have a lot of advantages(利点). // [6] Firstly(第一に), / the white walls reflect(NW ～を反射する) strong sunlight(日光). // [7] In this region(NW 地域), / summer temperatures(気温) can reach over 40°C. // [8] Therefore(それゆえ), / these white walls are useful / (to keep indoor(NW 室内の) temperatures cool). //

❺ [9] Secondly(第二に), / lime plaster repels(NW ～をはじく) water and even disinfects(NW ～を除菌する) it. // [10] Since(～なので) this region lacks(～が不足している) fresh water(真水), / rainwater(NW 雨水) has always been(常に～だった) an important resource. // [11] Rainwater [that falls on the roofs of these houses] / can be collected(集めることができる) for daily(日常) use(使い). // [12] White walls not only make towns look beautiful, / but also serve((目的を)果たす) functional(NW 機能的な) purposes(目的). //
（not only ～ but also …：～だけでなく…も）

読解のポイント

- ▶ 地中海沿岸諸国の伝統的な住居はどのようなものだろうか。
- ▶ それらの１つ目の利点は何だろうか。
- ▶ それらの２つ目の利点は何だろうか。

1 In Mediterranean countries such as Greece, we can often see beautiful towns filled with white-walled houses.

・In ～ Greece は場所を表す副詞句。such as のあとには countries の具体例が続く。

・filled 以下は過去分詞の形容詞的用法で，名詞 towns を後ろから修飾している。(be) filled with で「～でいっぱいの」の意味。KP

2 These walls are covered with lime plaster, which comes from limestone.

・be covered with で「～で覆われている」。KP

・～ , which ... は関係代名詞の継続用法。先行詞は lime plaster で，which 以下は lime plaster を補足説明している。

3 Since ancient times, this white limestone has been plentiful there.

・Since は「～以来」の意味の前置詞。現在完了の文の期間を表す語句が文頭にきている。

・文末の there は，1 の文の in Mediterranean countries (such as Greece) を指す。

訳を完成させなさい。ただし，there の内容を示すこと。

(　　　　　　　　　　)，(　　　　　　　　　　　　　　　　　) では，

(　　　　　　　　　　　　　　　)。

8 Therefore, these white walls are useful to keep indoor temperatures cool.

・these white walls とは，漆喰で覆われた白壁のこと。

・to keep 以下は，「～するために」の意味の副詞的用法の不定詞句。

10 Since this region lacks fresh water, rainwater has always been an important resource.

・文頭の Since は理由を表す接続詞で，「～なので」の意味を表す。

訳を完成させなさい。

(　　　　　　　　　　　　　　　)，雨水は (　　　　　　　　　　　　　)。

11 Rainwater that falls on the roofs of these houses can be collected for daily use.

・that は関係代名詞で，these houses までが Rainwater を修飾。ここまでが文の主語。can be collected は助動詞を含む受動態。

12 White walls not only make towns look beautiful, but also serve functional purposes.

・not only ～ but also ... は「～だけでなく…も」の意味。

・make towns look beautiful の部分は，〈make ＋ O ＋原形不定詞〉「O に～させる」の形。また，〈look ＋形容詞〉で「～に見える」の意味。

訳を完成させなさい。

白壁は，(　　　　　　　　　　　　　　　　　　　　　　　　　　)。

確認問題の答え
3　古代より / (ギリシャのような) 地中海沿岸の国々 / この白い石灰岩が豊富にあった　10　この地域は真水が不足しているので / 常に重要な資源だった　12　町を美しく見せるだけでなく，機能的な目的も果たす

Part 3 What are the features of traditional *gers*?

本文を読もう 意味のまとまりを意識しながら読もう。

❻ [1] Mongolian nomads travel from season to season. // [2] This is (to find new pastures for their livestock, / such as horses, camels, and sheep). // [3] Their houses, / *gers*, / have some unique features / [which suit Mongolia's diverse climate and the nomads' roaming lifestyle]. //

モンゴルの / 遊牧民 / 季節ごとに / ➲解説 / ～するために / 牧草地 / 家畜 / NW ラクダ / 同格 / ゲル / 特徴 / ～に適する / NW 多様な / NW 移動する / NW 生活様式

❼ [4] Mongolia's temperatures range widely from − 30° C to 30° C throughout the year. // [5] In addition to a stove and a chimney, / a *ger* has a special circular skylight (called a *toono*). // [6] It is possible to maintain a comfortable temperature inside the *ger* / by opening and closing the *toono* / when necessary. //

幅広く / ～から…まで変動する / 1年を通して / KP ～に加えて / NW ストーブ / NW 煙突 / 円形の / 天窓 / ～と呼ばれる / ➲解説 / 可能な / NW ～を維持する / ～することによって / 必要なときに

❽ [7] Furthermore, / *gers* are convenient to transport. // [8] This task is carried out by their livestock / when the group moves. // [9] Traditionally, / *gers* are made of natural materials / such as wood, animal skins, and wool. // [10] Therefore, / they are light and easy (to set up or take down). // [11] In this way, / Mongolian nomads can roam easily from one place to another. //

さらに / ～するのに便利な / NW ～を運搬する / ➲解説 / 行われる / ～によって / ➲解説 / NW 伝統的に / ～でできている / 天然素材 / 皮 / NW 羊毛 / ➲解説 / それゆえ / 軽い / ～を組み立てる / KP ～を解体する / ➲解説 / このようにして / ある場所から別の場所へ

読解のポイント

▶ モンゴルの伝統的な住居は何だろうか。

▶ それはどのようなものだろうか。

▶ それはなぜ便利なのだろうか。

2 This is to find new pastures for their livestock, such as horses, camels, and sheep.

・文頭の This はすぐ前の文の「モンゴルの遊牧民は季節ごとに旅をする」という内容を指す。to 以下は「〜するために」の意味を表す副詞的用法の不定詞句。such as 以下は livestock「家畜」の具体例。

訳を完成させなさい。ただし，This の内容を示すこと。

(　　　　　　　　　　) のは，(　　　　　　　　　　　　　　　　) である。

6 It is possible to maintain a comfortable temperature inside the *ger* by opening and closing the *toono* when necessary.

・It is ... to 〜「〜することは…だ」の文。by 以下は「〜することによって」。

・when necessary は when it is necessary の it is が省略された表現。

訳を完成させなさい。

(　　　　　　　) によって，(　　　　　　　　　　　　　　) ことができる。

8 This task is carried out by their livestock when the group moves.

・This task とは，すぐ前の文に出てきた to transport「運搬すること」を指す。is carried out は carry out「〜を実行する」の受動態。when 以下は「〜のとき」という意味の副詞節。

訳を完成させなさい。ただし，This task の内容を示すこと。

グループが (　　　　　　　　　　)，(　　　　　　　　　　　　　　　　)。

9 Traditionally, *gers* are made of natural materials such as wood, animal skins, and wool.

・are made of は「〜でできている」という意味で，of のあとには通例材料を表す名詞が続く。such as 以下は natural materials の具体例が示されている。

10 Therefore, they are light and easy to set up or take down.

・文頭の Therefore「それゆえ」は，すぐ前の文で述べられた内容を受けている。they は *gers* を指す。to 以下はすぐ前の形容詞 easy を修飾する副詞的用法の不定詞句。easy to *do* で「簡単に〜することができる，〜しやすい」の意味になる。

訳を完成させなさい。ただし，they の内容を示すこと。

それゆえ，(　　　　　　　　　　　　　　　　　　　　　　　　　　　　)。

11 In this way, Mongolian nomads can roam easily from one place to another.

・In this way「このようにして」とは，この段落で述べられたモンゴルの遊牧民が移動する方法を指している。

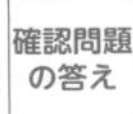

確認問題の答え

2 モンゴルの遊牧民が季節ごとに旅をする / 馬，ラクダ，羊のような家畜(のため)に新しい牧草地を見つけるため　6 必要とあればトーノを開閉すること / ゲルの内部で快適な気温を維持する　8 移動するとき / 運搬(すること)［運搬の仕事］は，彼らの家畜によって行われる　10 ゲルは軽く，簡単に組み立てたり解体したりできる

Part 4 What is the value of preserving traditional houses?

教科書 p.32～33

本文を読もう 意味のまとまりを意識しながら読もう。

➲解説
❾ [1] People around the world have tried to find various solutions (to live comfortably). // [2] ➲解説 (To do this), / they have used available local materials / in clever and creative ways. // [3] As a result, / traditional houses offer a diversity of styles / throughout the world. //

have tried to: (ずっと)～しようとしてきた　various solutions: さまざまな解決策　to live: ～するために　comfortably: NW 快適に　To do this: ～するために　available: 利用できる　materials: 材料　in clever: 賢く　and creative ways: 創造的な方法で　As a result: その結果　diversity: NW 多様性　throughout the world: 世界中で

❿ [4] In contrast, / newly-built houses are equipped with utilities (convenient for modern life). // [5] These houses have become more and more similar around the world. // [6] ➲解説 Some people say that traditional houses will have vanished in the near future. //

In contrast: それに比べて　equip: NW ～に備え付ける　are equipped with: KP ～を備えている　utilities: NW 設備　convenient: 便利な　more and more: ますます　similar: 類似した　Some people say that: ～と言う人もいる　vanish: NW 消滅する　will have vanished: KL 消えてしまうだろう　in the near future: 近い将来に

⓫ [7] However, / people are now recognizing the benefits of traditional buildings. // [8] Many local governments around the world / advertise traditional houses to both domestic and international tourists. // [9] Furthermore, / local governments and residents are renovating them for tourism purposes. // [10] ➲解説 Some of these houses have become cultural exhibits, / and others are even registered as World Heritage Sites. // [11] ➲解説 Thus, / preserving traditional houses not only benefits the local economy, / but also enhances the local culture. //

recognizing: NW ～を認識する　benefits: 恩恵　local governments: 地方自治体　around the world: 世界中の　advertise: NW ～を宣伝する　both ... and: ～と…の両方　domestic: NW 国内の　international: 海外の　Furthermore: さらに　residents: 居住者　renovating: NW ～を修繕する　Some of these ... and others are: ～もあれば…もある　cultural exhibits: 文化的展示物　even: ～さえ　registered as: ～として登録される　World Heritage Sites: 世界遺産　Thus: このように　preserving: NW ～を保存する　benefits: ～に利益をもたらす　not only ... but also: ～だけでなく…も　local economy: 地域経済　enhances: ～を促進する　local culture: 地域文化

読解のポイント

- ▶ 世界中の人々は何をしようとしてきたのだろうか。
- ▶ 新しく建てられた住居にはどんな特徴があるのだろうか。
- ▶ 今，伝統的な住居はどのようにみなされているのだろうか。

1 People around the world have tried to find various solutions to live comfortably.

・have tried は継続の意味を表す現在完了形。to live comfortably は「～するために」の意味を表す副詞的用法の不定詞句。

2 To do this, they have used available local materials in clever and creative ways.

・文頭の To do this は「～するために」の意味を表す副詞的用法の不定詞句。this はすぐ前の文で述べられた to find various solutions (to live comfortably) を指す。

・they は前の文の主語 People around the world を指す。have used は継続の意味を表す現在完了形。in ～ ways は「～な方法で」。

訳を完成させなさい。ただし，this と they の内容を示すこと。

(　　　　　　　　　　)ために，(　　　　　　　　　　)は，

(　　　　　　　　　　)を(　　　　　　　　　　)で(　　　　　　　　　　)。

6 Some people say that traditional houses **will have vanished** in the near future.

・that 以下が say の目的語。some people say that ～で「～と言う人もいる」。

・will have vanished は未来完了形〈will have ＋過去分詞〉。未来完了形は未来のある時点における〈完了・結果〉〈経験〉〈継続〉を表す。ここでは完了の意味。 **KL**

次の英文の訳を完成させなさい。

The train will have left when we arrive at the station.

(　　　　　　　　　　　　　　　　　　　　)。

10 Some of these houses have become cultural exhibits, and others are even registered as World Heritage Sites.

・Some と others が相関的に使われた文。Some ～ , and others ...「～もあれば，…もある」。these houses とは **8** と **9** の文で述べられた，観光目的で宣伝されたり，修繕されたりしている伝統的な住居（traditional houses）のこと。

11 Thus, preserving traditional houses (S) **not only** benefits (V) the local economy (O), **but also** enhances (V) the local culture (O).

・Thus「このように」とは，この段落で述べてきた内容を受けている。preserving traditional houses を主語とする not only ～ but also ...「～だけでなく…も」の文。not only と but also のあとにそれぞれ〈V ＋ O〉の形が続いている。

訳を完成させなさい。

このように，(　　　　　　　　　　) は，(　　　　　　　　　　) だけでなく，

(　　　　　　　　　　)。

2 （快適に暮らすために）さまざまな解決策を見つける / 世界中の人々 / 利用できるその土地の材料 / 賢く，創造的な方法 / 使ってきた　**6** 私たちが駅に着くときには，電車は出てしまっているだろう　**11** 伝統的な住居を保存すること / 地域経済に利益をもたらす / 地域文化も促進させる

文法のまとめ

動詞の形 I （時制） 〔→教科書 p.183〕

① 現在までの完了・結果，経験，状態の継続を表現したいとき

英語では，現在までに完了した内容や結果，現在までの経験や状態の継続を表すときは，現在完了〈have[has] ＋過去分詞〉を使う。

have *done*「(現在までに)～してしまった／ずっと～である」など (現在までの)完了・結果，経験，状態の継続(現在の状況も含む)

・Newly-built houses have become more and more similar around the world.
〔p.32, **5**〕
（新しく建てられた住居は世界中でますます似通ってきている。）

・People around the world have tried to find various solutions to live comfortably.
〔p.32, **1**〕
（世界中の人々が，快適に生活するためにさまざまな解決策を見つけようとしてきた。）

② 過去のある時点までの完了・結果，経験，状態の継続を表現したいとき

英語では，過去のある時点までに完了した内容や結果，過去のある時点までの経験や状態の継続を表すときは，過去完了〈had ＋過去分詞〉を使う。

had *done*「(過去のある時点までに)～して(しまって)いた／ずっと～だった」など 過去のある時点までの完了・結果，経験，状態の継続

・He had already finished lunch when I visited him.
（私が彼を訪ねたときには，彼はすでに昼食を終えてしまっていた。）

演習問題

❶ 日本語に合うように，（　）に適する語を書きなさい。

(1) 私はこの本を２回読んだことがある。
I (　　　　) (　　　　) this book twice.

(2) 彼女は彼と 10 年来の知り合いだ。
She (　　　　) (　　　　) him for ten years.

(3) 私はそのときまで一度も彼に会ったことがなかった。
I (　　　　) never (　　　　) him until then.

(4) 夕食の準備ができたとき，彼はちょうど宿題をしたところだった。
He (　　　　) just (　　　　) his homework when dinner was ready.

❷ 英文を日本語にしなさい。

(1) I have been there many times.
(　　　　　　　　　　　　　　　　)

(2) It has become warmer and warmer.
(　　　　　　　　　　　　　　　　)

(3) The movie had already started when we arrived at the theater.
(　　　　　　　　　　　　　　　　)

❸ 日本語に合うように，（　）内の語句を並べかえて英文を完成させなさい。

(1) 私はちょうどシャワーを浴びたところだ。I (a shower / just / have / taken).

＿＿＿＿＿＿＿＿＿＿＿＿＿＿＿＿＿＿＿＿

(2) 私たちはこの家に５年間住んでいる。
We (lived / this house / in / five years / have / for).

＿＿＿＿＿＿＿＿＿＿＿＿＿＿＿＿＿＿＿＿

(3) 彼は日本に来る以前に，その料理を一度も食べたことがなかった。
He (never / had / that dish / eaten) before he came to Japan.

＿＿＿＿＿＿＿＿＿＿＿＿＿＿＿＿＿＿＿＿

演習問題の答え ❶ (1) have read (2) has known (3) had, met[seen] ▶ then「そのとき」(過去の一時点) を基準にそれまでの経験を表す。 (4) had, done ▶ when dinner was ready「夕食ができたとき」(過去の一時点) を基準にその時点における完了を表す。 ❷ (1) 私はそこに何度も行ったことがある。 (2) ますます暖かくなってきている。 (3) 私たちが映画館［劇場］に着いたとき，映画はすでに始まって(しまって)いた。 ▶ when we arrived at the theater が過去の一時点を表す。 ❸ (1) (I) have just taken a shower(.) ▶ just は have と taken の間に置く。 (2) (We) have lived in this house for five years(.) (3) (He) had never eaten that dish (before he came to Japan.) ▶ 〈had never ＋過去分詞〉「一度も～したことがなかった」

③ 未来のある時点までの完了・結果，経験，状態の継続を表現したいとき

英語では，未来のある時点までに完了しているであろう内容や結果，未来のある時点までの経験や状態の継続を表すときは，未来完了〈will have ＋過去分詞〉を使う。

will have *done*
現在完了形および過去完了形と同じく完了・結果，経験，継続を表し，基準点を未来のある一時点にずらしたものである。

a. 「(未来のある時点までには)～して(しまって)いるだろう」 未来のある時点までの完了・結果

・Some people say that traditional houses will have vanished in the near future. 〔p.32, **6**〕
（近い将来には，伝統的な住居は消滅してしまっているだろうと言う人もいる。）

・The first screening will have finished by 12:00.
（1回目の上映は12時までに終わっているだろう。）〔p.38, **Q1**〕

b. 「(未来のある時点までには)～したことになるだろう」 未来のある時点までの経験

・I'm going to Shanghai again this summer. I will have visited it four times. 〔p.38〕
（今年の夏，また上海に行く予定だ。それで，そこへは4回行ったことになるだろう。）

c. 「(未来のある時点まで)ずっと～していることになるだろう」 未来のある時点までの状態の継続

・Next month I will have known Chris for twenty years.
（来月でクリスと知り合って20年になるだろう。）〔p.38〕

演習問題

❶ 日本語に合うように，(　) に適する語を書きなさい。

(1) 私は 20 分後には昼食を終えているだろう。
I (　　　　) (　　　　) (　　　　) lunch in twenty minutes.

(2) 来月で，彼らは日本に 5 年間住んでいることになるだろう。
Next month, they (　　　　) (　　　　) (　　　　) in Japan for five years.

(3) 正午までには雨はやんでいるだろう。
It (　　　　) (　　　　) (　　　　) raining by noon.

❷ 英文を日本語にしなさい。

(1) I will have visited that museum four times if I visit it tomorrow.
(　　　　　　　　　　　　　　　　　　　　)

(2) They will have been married for twenty years next month.
(　　　　　　　　　　　　　　　　　　　　)

(3) When I see you next week, I will have finished reading this book.
(　　　　　　　　　　　　　　　　　　　　)

❸ 日本語に合うように，(　) 内の語句を並べかえて英文を完成させなさい。

(1) 彼は明日までにはよくなっているだろう。
He (by / will / gotten / tomorrow / well / have).

____

(2) 来年で，私たちは 10 年来の知り合いになるだろう。
Next year, (known / we / for ten years / have / each other / will).

____

(3) もう一度行けば，私はその遊園地に 3 回行ったことになるだろう。
(have / three / that amusement park / times / will / been / I / to) if I go there again.

____

演習問題の答え ❶ (1) will have finished (2) will have lived (3) will have stopped ▶ (1) ~ (3) すべて未来完了〈will have + 過去分詞〉の文。 ❷ (1) 明日訪れたら，私はその博物館を 4 回訪れたことになるだろう。▶未来のある時点までの経験。 (2) 来月で彼らは結婚して 20 年になるだろう。▶未来のある時点までの継続。 (3) 来週あなたに会うときには，私はこの本を読み終えているだろう。▶未来のある時点までの完了・結果。 ❸ (1) (He) will have gotten well by tomorrow(.) (2) (Next year,) we will have known each other for ten years(.) (3) I will have been to that amusement park three times (if I go there again.) ▶ (1) ~ (3) すべて未来完了〈will have + 過去分詞〉の文にする。

Key Phrases のまとめ

(ページ)

26	□ **be made of**	～でできている
	▶通例，材料が目で見てわかる場合は of を，原料が変化してできあがったものには from を使う。 (例) This desk *is made of* wood.（この机は木製だ）/ Wine *is made from* grapes.（ワインはブドウからできる）	
26	□ **make use of**	～を利用する
	You should *make use of* your dictionary more. (あなたは辞書をもっと利用すべきだ)	
28	□ **(be) filled with**	～でいっぱいの
	The basket *was filled with* apples.（かごはリンゴでいっぱいだった）	
28	□ **be covered with**	～で覆われている
	The garden *was covered with* snow.（庭は雪で覆われていた）	
30	□ **in addition to**	～に加えて
	He speaks Chinese *in addition to* Japanese and Korean. (彼は，日本語と韓国語に加えて中国語も話す)	
30	□ **take down**	～を解体する
	They *took down* their tent.（彼らはテントを解体した）	
32	□ **be equipped with**	～を備えている
	All rooms *are equipped with* Wi-Fi.（すべての部屋は Wi-Fi を備えている）	

その他の重要表現

30	□ **from season to season**	季節ごとに
	▶ from ～ to ...「～から…へ」の表現で，「～」と「…」に同じ語が入る場合がある。 (例) from time to time「ときどき」	
30	□ **range from ～ to ...**	～から…に変動する
	In this season, the temperature *ranges from* 5℃ *to* 20℃ in a day. (この季節は，気温が1日で5℃から20℃に変動する)	
32	□ **not only ～ but also ...**	～だけでなく…も
	She visited *not only* Germany *but also* France. (彼女はドイツだけでなくフランスも訪れた)	

演習問題

❶ 日本語に合うように，空所に適語を書きなさい。

(1) この椅子は金属製だ。
This chair is (　　　　) (　　　　) metal.

(2) それらの箱は古本でいっぱいだった。
Those boxes (　　　　) (　　　　) with old books.

(3) 富士山の山頂は雪で覆われている。
The top of Mt. Fuji is (　　　　) (　　　　) snow.

(4) パンに加えて，牛乳も買わなければならない。
(　　　　) (　　　　) to bread, we have to buy milk.

(5) ゲルは解体できる。
Gers can be (　　　　) (　　　　).

❷ 英文を日本語にしなさい。

(1) They made good use of old clothes.
(　　　　　　　　　　　　　　　　)

(2) This hotel is equipped with a pool.
(　　　　　　　　　　　　　　　　)

(3) We can enjoy many kinds of flowers from season to season.
(　　　　　　　　　　　　　　　　)

(4) The number of participants ranges from 100 to 200.
(　　　　　　　　　　　　　　　　)

(5) He is good at not only tennis but also basketball.
(　　　　　　　　　　　　　　　　)

演習問題の答え ❶ (1) made of　(2) were filled　(3) covered with　(4) In addition　(5) taken down　❷ (1) 彼らは古着をうまく利用した。　(2) このホテルはプールを備えている。　(3) 私たちは，季節ごとにさまざまな種類の花を楽しめる。　(4) 参加者の（人）数は 100（人）から 200（人）に変動する[→渡る]。　(5) 彼はテニスだけでなくバスケットボールも得意だ。

定期テスト対策問題

❶ 日本文に合う英文になるように，空所に適する語を書きなさい。

□(1) 私たちは古い寺や神社でいっぱいの都市を訪れた。
We visited a city ________ ________ old temples and shrines.

□(2) 山の頂上は雪で覆われていた。
The top of the mountain was ________ ________ snow.

□(3) このホテルのすべての部屋はバス・トイレ付きだ。
All rooms of this hotel are ________ ________ bath and toilet.

□(4) 私は家にいるのが好きだ。それに比べて，姉は外出するのが好きだ。
I like staying home. In ________, my sister likes going out.

❷ 英文を（　）内の指示にしたがって書きかえなさい。

□(1) People tried to make their houses comfortable.
（since ancient times を加えて）
________________________________ since ancient times.

□(2) I have finished lunch. （in thirty minutes を加えて）
________________________________ in thirty minutes.

❸ 日本文に合う英文になるように，（　）内の語句を並べかえなさい。

□(1) 彼はドイツだけでなくフランスにも住んでいたことがある。
He (only / Germany / but / in / has / not / also / lived / in) France.
He ________________________________ France.

□(2) 私たちはリサイクル材料をうまく利用すべきだ。
We (make / of / good / recycled materials / should / use).
We ________________________________.

□(3) 室内を涼しく保つために白い壁を使うことができる。
White walls (used / can / keep / be / cool / to / indoors).
White walls ________________________________.

❹ 英文を日本文にしなさい。

□(1) Some like living in the city, and others prefer the country.
____

□(2) Human society has become more and more complex.
____

❺ 日本文を英文にしなさい。

□(1) こけしは木でできた日本の伝統的な人形だ。

Kokeshi ______________________________.

□(2) もう一度見れば，私はその映画を３回見たことになるだろう。

____

読解

❻ 次の英文を読んで，あとの問いに答えなさい。

Mongolian nomads travel from season to season. ①<u>This is to find new pastures for their livestock, such as horses, camels, and sheep.</u> Their houses, *gers*, have some unique features which suit Mongolia's diverse climate and the nomads' roaming lifestyle.

Mongolia's temperatures range widely from −30°C to 30°C throughout the year. ②<u>In (　　) (　　)</u> a stove and a chimney, a *ger* has a special circular skylight called a *toono*. It is possible to maintain a comfortable temperature inside the *ger* by opening and closing the *toono* when necessary.

Furthermore, ③<u>*gers* are convenient to transport</u>. This task is carried out by their livestock when the group moves. Traditionally, *gers* are made of natural materials such as wood, animal skins, and wool. Therefore, they are light and easy to set up or take down. ④<u>In (　　) (　　)</u>, Mongolian nomads can roam easily from one place to another.

□(1) 下線部①を This の内容を示して，日本語にしなさい。

____

(2) 下線部②・④が次の日本語の意味になるように，(　　) に適する語を１語ずつ書きなさい。

□② ～に加えて　In __________ __________

□④ このようにして　In __________ __________

□(3) 下線部③の理由を日本語で書きなさい。

____

(4) 次の質問に英語で答えなさい。

□(a) What do the unique features of *gers* suit?

They ______________________________.

□(b) How is it possible to maintain a comfortable temperature inside the *ger*?

It is possible ______________________________.

定期テスト対策問題の解答・解説

❶ (1) filled with　(2) covered with　(3) equipped with　(4) contrast

解説 (1)「～でいっぱいの」は (be) filled with。
(2)「～で覆われている」は be covered with。
(3)「～を備えている」は be equipped with。
(4)「それに比べて，対照的に」は in contrast。

❷ (1) People have tried to make their houses comfortable (since ancient times.)
(2) I will have finished lunch (in thirty minutes.)

解説 (1)「人々は自分たちの家を快適にしようとした」という文。since ancient times「古代から」は期間を表す語句なので，「人々は古代から(ずっと)自分たちの家を快適にしようとしてきた」という現在完了〈have＋過去分詞〉の文にする。
(2)「私は昼食を終えたところだ」という文。in thirty minutes「30 分後に」は未来のある時点を表す語句なので，「私は 30 分後には昼食を食べ終えているだろう」という未来完了〈will have＋過去分詞〉の文にする。

❸ (1) (He) has lived not only in Germany but also in (France.)
(2) (We) should make good use of recycled materials(.)
(3) (White walls) can be used to keep indoors cool(.)

解説 (1)「～だけでなく…も」は not only ～ but also ... で表す。前置詞 in は lived のすぐあとではなく，not only と but also のあとにそれぞれ入る。
(2) make use of で「～を利用する」。「～をうまく利用する」は make good use of で表す。
(3) 日本語は「～を使うことができる」だが，White walls が文頭に与えられているので，助動詞 can を使った受動態〈can be＋過去分詞〉で表す。「～するために」は不定詞の副詞的用法を使う。「～を…に保つ」は〈keep＋O＋形容詞〉で表す。

❹ (1) 都会に住むのが好きな人もいれば，田舎のほうが好きな人もいる。
(2) 人間社会はますます複雑になってきた[なってきている]。

解説 (1) Some ～, and others ... で「～な人[物]もいれば[あれば]，…な人[物]もいる[ある]」の意味を表す。
(2) more and more は形容詞・副詞を修飾して，「ますます」の意味を表す。

❺ (1) (*Kokeshi*) is a traditional Japanese doll (which[that] is) made of wood(.)
(2) I will have seen that movie three times if I see it again.

解説 (1) 「木でできた」は made of wood で表し，doll のあとに続ける。
(2) 「3回見たことになるだろう」は未来完了〈will have ＋過去分詞〉で表す。「もう一度見れば」は if 節で表す。if 節の中は未来の事柄も現在形で表すことに注意。

❻ (1) モンゴルの遊牧民が季節ごとに旅をするのは，馬，ラクダ，そして羊のような家畜（のため）に新しい牧草地を見つけるためである。
(2)② addition to ④ this way
(3) （伝統的に）ゲルは木材，動物の皮，そして羊毛のような自然素材でできていて，軽く，組み立てや解体が簡単だから。
(4)(a) (They) suit Mongolia's diverse climate and the nomads' roaming lifestyle(.)
(b) (It is possible) by opening and closing the *toono* when necessary(.)

解説 (1) This はすぐ前の文の内容を指す。to find 以下は「～するため」という意味で目的を表す副詞的用法の不定詞句。such as は「～のような」。
(2)② 「～に加えて」は in addition to。
④ 「このようにして」は in this way。
(3) 下線部は「ゲルは運搬に便利だ」という意味。なぜ運搬に便利なのかは，読み進めていくと，2つあとの2文（Traditionally, ... と Therefore, ... の文）で述べられているとわかる。この2つの文の内容をまとめる。
(4)(a) 「ゲルの珍しい特徴は何に適しているのか」という質問。本文最初の段落の最後の文参照。some unique features に続く関係代名詞 which 以下に何に適しているかが述べられている。
(b) 「どのようにしてゲルの中で快適な気温を維持することができるのか」という質問。本文第2段落，最後の文参照。by *do*ing で「～することによって」の意味を表す。by 以下がその方法を表している。

LESSON 3

Improving Society with Avatar Robots

Preview

Introduction

分身ロボットを通した社会とのかかわり方がテーマ。分身ロボットとはどのようなものなのか，どのようにして開発されたのか，また，どのような分野で使われているのかや，将来期待されることについて考えよう。

● Part 別に Summary を完成させよう ……………›

Part 1 分身ロボットを用いて何ができるのだろう。

番田雄太は実際には（　　(1)　　）のベッドにいるが，自分の（　　(2)　　）ロボットを使って，講堂にいる大勢の人々に話をしている。分身ロボットには（　　(3)　　）は備わっておらず，カメラ，スピーカー，そして（　　(4)　　）が内蔵されているだけである。スマートフォンやパソコンを使った遠隔操作が可能で，別の場所にいる人々に自由に話しかけ，ロボットの身振りで（　　(5)　　）を表現することもできる。

Part 2 吉藤は自分の孤独について何に気づいたのだろう。

分身ロボットは吉藤健太朗によって開発された。（　　(6)　　）の初めに，彼は学校に通えないことが多く，寂しい思いをしたことから，（　　(7)　　）な人々を助けるために（　　(8)　　）の開発に熱中するようになった。しかし，自分を孤独から救えるのは，（　　(9)　　）ではなく，実在する人々との（　　(10)　　）だと思うようになった。大学で，人々をつなぐ新しい方法として分身ロボットの着想を得た。そして試行錯誤の末，試作品が誕生した。

Part 3 分身ロボットはどのような分野で使われているのだろう。

分身ロボットはさまざまな分野で活用されてきている。（　　(11)　　）の分野では，障がいのある人々が（　　(12)　　）に参加するのを助けている。番田は交通事故のせいで歩けなくなり，ベッドから出ることすらできなくなった。吉藤の勧めで番田は分身ロボットを使用し，障がいを持つ者の立場から感想を述べた。ロボットを通して（　　(13)　　）に出席し，吉藤の助手として働き始めた。（　　(14)　　）の分野でも分身ロボットには大きな可能性がある。病院にいる生徒でも授業に出席したり，クラスメートたちと（　　(15)　　）を楽しんだりすることもできるのである。

Part 4 吉藤は分身ロボットが将来何をすることを望んでいるのだろう。

吉藤は（　(16)　）が従業員として働く（　(17)　）を開店した。身体的，もしくは精神的な問題のために外に出られない人々は，遠隔でそこで働くことができる。社会にじかに参加することが困難な人々は，そこで（　(18)　）の機会を得ることができる。吉藤は，分身ロボットが（　(19)　）という社会問題に対処できることをわかっている。吉藤は，将来，分身ロボットがますます多くの人々が（　(20)　）する助けとなることを望んでいる。

Overview

● 各 Part について，適切なタイトルを選んでみよう ………….>

1. a. Features of Avatar Robots
   b. The Importance of Talking with an Audience
   c. Advantages of AI Robots
2. a. AI Robots to Help Lonely People
   b. People Who Saved Yoshifuji in the Past
   c. How Avatar Robots Were Developed
3. a. Banda's Feedback on Avatar Robots
   b. The Potential of Avatar Robots for Education
   c. Examples of How Avatar Robots Are Used
4. a. A Cafe Where Yoshifuji Works
   b. Roles of Avatar Robots in Society
   c. Avatar Robots Connecting Yoshifuji with Staff

Hint 1. Part 1 では「分身ロボットができるのはどんなことか」が述べられている。
a. feature「特徴」 b. importance「重要性」 c. advantage「利点」
2. Part 2 では「吉藤がどのようにして分身ロボットを開発したか」が述べられている。
a. lonely「孤独な」 b. save「～を救う」 c. develop「～を開発する」
3. Part 3 では「分身ロボットがどんな分野で使われているか」について述べられている。
a. feedback「感想」 b. potential「可能性」 c. example「例」
4. Part 4 では「分身ロボットが社会でどのような役割を果たしているか」について述べられている。
a. where は関係副詞。 b. role「役割」 c. connect ～ with ...「～を…と結びつける」

● Summary 完成問題の答え ………..> (1) 病院 (2) 分身 (3) AI (4) マイク (5) 感情 (6) 10 代 (7) 孤独 (8) AI (9) AI (10) 交流 (11) 社会福祉 (12) 社会 (13) 会議 (14) 教育 (15) おしゃべり (16) 分身ロボット (17) カフェ (18) 雇用 (19) 孤立 (20) 交流

Part 1 What can we do with an avatar robot?

教科書 p.42～43

本文を読もう 意味のまとまりを意識しながら読もう。

❶ "[1] With an avatar robot, / people [who are confined to bed like me] / can also interact with people in different locations. // [2] I've realized / we can find meaning in our lives by connecting to society." //

(avatar: NW 分身 / are confined to: NW ～を閉じ込める / confined to bed: KP (病床に)つく / interact with: ～と交流する / different locations: 別の場所 / connecting to: KP ～とつながる)

❷ [3] A man's voice is being delivered through a robot / (to a large audience in a lecture hall). // [4] The voice is Banda Yuta's, / but now he is actually in bed in the hospital. // [5] The robot [everyone is listening to] is his avatar. //

(is being delivered: KL 届けられている / through a robot: ロボットを通して / lecture hall: NW 講義，講演 / Banda Yuta's: ＝Banda Yuta's voice / actually: 実際は / The robot: S / is: V / his avatar: C)

❸ [6] These days, / people usually think that every robot is equipped with artificial intelligence (AI). // [7] An AI robot can do housework / and even communicate with humans. // [8] However, / an avatar robot is not equipped with AI. // [9] It only has a built-in camera, speaker, and microphone. // [10] The operator controls it remotely / with a smartphone or personal computer. // [11] He or she can talk freely to people in other places, / and even express emotions with the robot's gestures. //

[12] People around the robot / feel as if the operator were actually there. //

(These days: 近頃は / is equipped with: ～を備えている / even: ～さえ / communicate with: ～とコミュニケーションをとる / is not equipped with: ～を備えていない / It: ＝an avatar robot / it: ＝an avatar robot / built-in: NW 内蔵の / microphone: NW マイク / operator: NW 操作者 / remotely: NW 遠隔で / with: ～で［～を使って］ / personal computer: パソコン / express: ～を表現する / emotions: 感情 / as if ... were: まるで～であるかのように / actually: 実際に)

読解のポイント

▶ 分身ロボットで何ができるのだろうか。

▶ 番田雄太さんはどこで分身ロボットを使っているのだろうか。

▶ 分身ロボットはどのように操作するのだろうか。

1 With an avatar robot, people who are confined to bed like me can also interact with people in different locations.

・With 〜は「〜があれば，〜を使って」。そのあとに出てくる people が文の主語で，関係代名詞 who の節によって修飾されている。関係代名詞節中の be confined to 〜は「(病床に) つく」という意味。KP

・interact with は「〜と交流する」。

訳を完成させなさい。

分身ロボット（　　　　　　），（　　　　　　　　　　　　　）。

2 I've realized we can find meaning in our lives by connecting to society.

・I've realized ... で「…ということを実感した」という意味。we 以下が realized の目的語で，realized のあとに接続詞の that が省略されている。

・by 〜ing で「〜することによって」。connect to は「〜とつながる」。KP

訳を完成させなさい。

私たちは（　　　　　）によって,（　　　　　　　　　）と私は実感した。

3 A man's voice is being delivered through a robot to a large audience in a lecture hall.

・is being delivered は現在進行形の受動態〈be 動詞 + being + 過去分詞〉。be delivered to で「〜に届けられる」。KL

訳を完成させなさい。

ある男性の声が（　　　　　　　　　　　　　　　　　　　　　　）。

5 The robot everyone is listening to is his avatar.

・everyone is listening to は前の名詞 robot を修飾。robot のあとにくる目的格の関係代名詞 that または which が省略されている。to のあとの is が文全体の動詞。

訳を完成させなさい。

（　　　　　　　　　　　　　　）は（　　　　　　　　　　　）。

6 These days, people usually think that every robot is equipped with artificial intelligence (AI).
S　V　O

・that 以下が「〜ということ」という意味で think の目的語になっている。be equipped with は「〜を備えている」。

12 People around the robot feel as if the operator were actually there.

・as if 〜は「まるで〜であるかのように」。仮定法の文なので，be 動詞は were。

訳を完成させなさい。

ロボットの周りの人々は,（　　　　　　　　　　　　　　　　　　）。

確認問題の答え

1　があれば / 私のように病床についている人も別の場所にいる人々と交流できる　2　社会とつながること / 人生の意味を見出すことができる　3　ロボットを通して，講堂の中の大勢の聴衆に届けられている　5　みんなが聞いているロボット / 彼の分身だ　12　まるで操作者が実際にそこにいるかのように感じる

Part 2 What did Yoshifuji realize about his loneliness?

本文を読もう 意味のまとまりを意識しながら読もう。

❹ [1] The avatar robot was developed by Yoshifuji Kentaro. // [2] In his early teens, / he could not attend school regularly, / so he often felt very lonely. // [3] Later, / after entering technical college, / he became passionate about developing AI (to help lonely people). // [4] However, / he was never satisfied with the results. // [5] He finally realized that his family and teachers, / not AI, / had saved him from loneliness. // "[6] I may have escaped from my lonely world / thanks to interacting with real people. // [7] AI may not be able to help lonely people." //

（注）was developed by ～によって開発された／In his early teens 彼の10代前半に／regularly 定期的に／lonely 寂しい／after ～したあとで ➡解説／NW technical 専門の／NW passionate 情熱的な／became passionate about ～することに夢中になった／to help ～するために／However ➡解説／NW satisfied 満足した／KP satisfied with ～に満足する／He ➡解説／finally 最終的に／KP saved ... from ～を…から救う／NW loneliness 孤独／KL may have escaped 抜け出したのかもしれない ➡解説／thanks to ～のおかげで／real 実在する／may not be able to ～することができないかもしれない

❺ [8] At university, / he created a new way (to connect people). // [9] First, / he bought a robot and disassembled it / (to understand how it worked). // [10] By researching online / and consulting robot experts, / he came up with the concept of an avatar robot. // [11] (To make his robot move like a human), / he studied pantomime and *jyoruri*. // [12] After a year of trial and error, / the prototype (of his avatar robot) was born. //

（注）First ➡解説／NW disassembled ～を分解する／to understand ～するために／By ～することによって／online オンラインで／NW consulting ～に助言を求める／NW experts 専門家／KP came up with ～を思いつく／concept 構想／To make ➡解説 make V／his robot O／move C（原形）／After a year of 1年の～のあとに／trial and error 試行錯誤（NW trial 試行／NW error 誤り）／NW prototype 試作品

読解のポイント

▶ 吉藤健太朗さんは何を開発したのだろうか。

▶ 吉藤健太朗さんは何に気づいたのだろうか。

▶ 吉藤健太朗さんは大学で何を生み出したのだろうか。

3 Later, after entering technical college, he became passionate about developing AI to help lonely people.

・after 〜ing は「〜したあとで」という意味。he は Yoshifuji Kentaro を指す。became passionate about 〜ing で「〜することに夢中になった」。

・to help 以下は目的を表す副詞的用法の不定詞句で，「〜するために」の意味。

4 However, he was never satisfied with the results.

・be satisfied with で「〜に満足する」。was never satisfied with は「〜に決して満足しなかった」ということ。KP

5 He(S) finally realized(V) that(O) his family and teachers, not AI,(S') had saved(V') him(O') from loneliness.

・realized that ... は「…であると（いうことに）気づいた」。that 節の中の主語は his family ... not AI。not AI は挿入句で，「AI ではなく，彼の家族や先生たちが」ということ。save 〜 from ...は「〜を…から救う」。KP

訳を完成させなさい。

彼は最終的に，（　　　　　　　　　　　　　　　　　　）ことに気づいた。

6 I may have escaped from my lonely world thanks to interacting with real people.

・may have escaped は〈助動詞＋ have ＋過去分詞〉の形。〈may have ＋過去分詞〉は「〜したのかもしれない」。KL 〈参考〉〈must have ＋過去分詞〉「〜したにちがいない」,〈should have ＋過去分詞〉「〜するべきだったのに（実際はしなかった）」,〈cannot have ＋過去分詞〉「〜したはずがない」

・escape from 〜は「〜から抜け出す」, thanks to 〜は「〜のおかげで」, interacting with 〜は「〜との交流」という意味。

訳を完成させなさい。

私は（　　　　　　　　　　　　　　　　　　　　　　　　　）。

9 First, he bought a robot and disassembled it to understand how it worked.

・２つの it はどちらも a robot を指す。

・to understand 以下は,「〜するために」の意味で目的を表す副詞的用法の不定詞句。how it worked は間接疑問。

訳を完成させなさい。

まず，彼はロボットを購入し，（　　　　　　　　　　　　　　）。

11 To make his robot move like a human, he studied pantomime and *jyoruri*.

・To make ... a human は「〜するために」の意味で目的を表す副詞的用法の不定詞句。〈make ＋ O ＋原形不定詞〉で「O を〜させる」。move は「動く」, like は「〜のように」。

5　AI ではなく，彼の家族や先生たちが彼を孤独から救った　6　実在する人々との交流のおかげで，孤独な世界から抜け出したのかもしれない　9　それがどのように動くのか理解するためにそれを分解した

Part 3 What kind of fields are avatar robots used in?

教科書 p.46 ~ 47

本文を読もう 意味のまとまりを意識しながら読もう。

❻ [1] Avatar robots have been utilized in various fields. // [2] In the field of social welfare, / they help disabled people enter society. // [3] In Banda's case, / he was in a traffic accident at the age of four. // [4] As a result, / he was not able to walk or even leave his bed. // [5] However, / meeting Yoshifuji completely changed Banda's life. // [6] Yoshifuji invited Banda to try using an avatar robot. // [7] Banda gave feedback on it / as a person (with a disability). // [8] He also attended meetings from his bed through the robot, / and began working as Yoshifuji's assistant. // [9] Banda said, / "I feel like I am needed in society, / which makes me happy. // [10] With my avatar robot, / I can go anywhere / and do anything." //

(注: ➡解説 / NW utilized ～を活用する / KL have been utilized 活用されてきた / in various fields さまざまな分野で / NW welfare 福祉 / NW disabled 障がいのある / KP In ～'s case ～の場合 / traffic accident 交通事故 / KP at the age of ～歳のときに / As a result その結果 / was not able to ～することができなかった / meeting Yoshifuji: S, changed: V, Banda's life: O / invited ～ to ... ～に…するよう勧めた / try using 試しに～を使ってみる / NW feedback 感想 / as ～として / NW disability 障がい / through ～を通して / as ～として / NW assistant 助手 / feel like ～のような気がする / am needed 必要とされている / makes: V, me: O, happy: C / With my avatar robot 私の分身ロボットを使って / anywhere どこへでも / anything 何でも)

❼ [11] In the field of education, / avatar robots have great potential as well. // [12] A robot can be put on a desk in a classroom. // [13] With an avatar robot, / even a student in the hospital can attend classes. // [14] Moreover, / he or she can enjoy chatting with classmates / at recess or after school. //

(注: 教育 education / NW potential (潜在的な)可能性 / as well ～もまた / can be put on ～の上に置くことができる / Moreover さらに / NW chatting おしゃべりする / NW recess 休み時間)

読解のポイント

- ▶ 分身ロボットはどのような分野で使われているのだろうか。
- ▶ 吉藤さんと番田さんはどんな関係にあるのだろうか。
- ▶ 教育の分野では分身ロボットはどのように使われるのだろうか。

1 Avatar robots have been utilized in various fields.

・have been utilized は現在完了形の受動態〈have been ＋過去分詞〉。KL

次の日本文に合う英文を完成させなさい。

この映画は何年もの間，多くの人に愛されてきた。

This movie (　　　　) (　　　　) (　　　　) by many people for years.

2 In the field of social welfare, they help disabled people enter society.

・they はすぐ前の文で出てきた avatar robots のこと。

・〈help ＋ O ＋原形不定詞〉で「O が～するのを助ける，～するのに役立つ」。

訳を完成させなさい。ただし，they の内容を示すこと。

社会福祉の分野では，(　　　　　　　　　　　　)。

4 As a result, he was not able to walk or even leave his bed.

・he は Banda を指す。be able to *do* は「～することができる」という意味で，ここは過去の否定形になっているので「～することができなかった」。not ～ or ... で「～も…も一ない」，even は「～さえ，～すら」という意味。

訳を完成させなさい。

その結果，彼は (　　　　　　　　　　　　)。

6 Yoshifuji invited Banda to try using an avatar robot.

・invite ～ to *do* で「～に…するよう勧める」。try *do*ing は「試しに～してみる」。try to *do*「～しようとする」との意味の違いに注意。

訳を完成させなさい。

吉藤は番田に (　　　　　　　　　　　　)。

9 Banda said, "I feel like I am needed in society, which makes me happy.

・feel like は「～のような気がする」という意味で，あとの I am ... in society が feel like の目的語となっている。which は継続用法の関係代名詞で，前の部分の I am needed in society を受けて，「(そして) そのことは…」という意味になる。関係代名詞節の中は，〈make ＋ O ＋形容詞〉「O を～(な状態)にする」の形。

訳を完成させなさい。

番田は,「私は (　　　　　　　　　　　　)」と言った。

12 A robot can be put on a desk in a classroom.

・can be put は助動詞を含む受動態〈助動詞＋ be ＋過去分詞〉。直訳すると，「置かれることができる」となるが，「置くことができる」と能動態の表現に訳すほうが日本語らしい文になる。

確認問題の答え

1 has been loved　2 分身ロボットは障がいのある人々が社会に参加するのを助けている　4 歩くことも，ベッドから出ることすらもできなかった　6 分身ロボットを使ってみることを勧めた　9 (自分が) 社会で必要とされているような気がして，そのことは私を喜ばせます

Part 4　What does Yoshifuji hope avatar robots will do in the future?

教科書 p.48 ～ 49

本文を読もう　意味のまとまりを意識しながら読もう。

➎解説 ➎解説
❽[1] Yoshifuji opened a cafe / (staffed by avatar robots). // [2] The robots (working in
NW ～に(従業員を)配置する ➎解説
this cafe) / are larger in size than his other robots. // [3]This is because they have to
KP 大きさに関して KP これは…だからだ ➎解説
move around / and serve customers. // [4] People [who cannot easily go out because
KP 動き回る NW 客 KP 外出する ～のため
of physical or mental issues] / can work there remotely. // [5]Through their avatar
NW 肉体的な 精神的な 問題 遠隔で ～を通して
robots, / they can greet customers, / take orders, / and serve food or drinks. //
～にあいさつする 注文を取る
➎解説 NW 雇用 機会
[6] The cafe provides employment opportunities for people / [who have difficulty
NW じかに NW 参加する ～に…を提供する KP ～することが困難である
directly participating in society]. //

❾[7] From his experience, / Yoshifuji knows / that avatar robots can address the
経験 (問題など)に対処する ➎解説
social problem of isolation. // [8] They can be "you" in public or at work. // [9] So, /
NW 孤立 KP 公共の場で KP 職場で
even if you cannot leave your home, / you can still meet people, / expand your
たとえ～でも ～を広げる
world, / and enjoy your life. // [10] Yoshifuji hopes / avatar robots will allow more
～が…するのを可能にする
and more people to interact in the future. //
交流する 将来

読解のポイント

- ▶ 吉藤さんが開いたカフェはどんなものだろうか。
- ▶ 吉藤さんが開いたカフェではどんな人が働いているのだろうか。
- ▶ 分身ロボットはどんな社会問題に対処できるのだろうか。

1 Yoshifuji opened a cafe staffed by avatar robots.

・staffed 以下の過去分詞で始まる句が前の名詞 cafe を修飾。staff は「スタッフ，職員」という名詞のほかに，「～に(従業員を)配置する」という動詞の用法がある。

訳を完成させなさい。
吉藤は（　　　　　　　　　　　　　　　　　　　　　　　　　）。

2 The robots working in this cafe are larger in size than his other robots.

・working in this cafe という現在分詞で始まる句が前の名詞 robots を修飾している。larger than ～「～より大きい」の比較級の文に，in size「大きさに関して」が挿入されている。KP

訳を完成させなさい。
（　　　　　　　　　　　　）は，（　　　　　　　　　　　　　　　　）。

3 This is because they have to move around and serve customers.

・This is because ...「これは…だからだ」の This はすぐ前の文の内容を指し，その理由がこの文で述べられている。KP

・they は the robots working in this cafe を指す。

4 People who cannot easily go out because of physical or mental issues can work there remotely.

・who は関係代名詞で，mental issues までが前の名詞 people を修飾している。because of は「～のために」。there は in this cafe を指す。

訳を完成させなさい。
（　　　　　　　　　　　　）は，（　　　　　　　　　　　　　　　　）。

6 The cafe provides employment opportunities for people who have difficulty directly participating in society.

・provide ～ for ...「…(人)に～を提供する」who は関係代名詞で，who 以下が前の名詞 people を修飾。have difficulty *do*ing は「～することが困難である」。KP

・participate in で「～に参加する」。

訳を完成させなさい。
このカフェは（　　　　　　　　　　　　　　　　　　　　　　　）。

9 So, even if you cannot leave your home, you can still meet people, expand your world, and enjoy your life.

・even if ... は「たとえ…でも」。

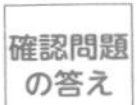

確認問題の答え

1　分身ロボットがスタッフとして働くカフェを開いた　2　このカフェで働くロボット / 彼のほかのロボットよりもサイズが大きい　4　身体的，もしくは精神的な問題のために簡単に外に出られない人々 / 遠隔でそこで働くことができる　6　社会にじかに参加することが困難な人々に，雇用の機会を提供している

文法のまとめ

動詞の形Ⅱ(助動詞, 態) 〔→教科書 p.184〕

① 過去について推量・判断した内容を表現したいとき

過去の事柄について推量したり判断したりするときは,〈助動詞＋ have ＋過去分詞〉の形を使う。

a. must have *done*「〜だった[した]にちがいない」

・Tens of thousands of years ago, there must have been an ancient civilization in Maharashtra, India.〔p.54, Q1〕
(何万年も前には, インドのマハラシュトラ州には古代文明があったにちがいない。)

b. may have *done*「〜だった[した]かもしれない」

・I may have escaped from my lonely world thanks to interacting with real people.〔p. 44, 6〕
(実在する人々との交流のおかげで, 私は孤独な世界から抜け出したのかもしれない。)

c. cannot[can't] have *done*「〜だった[した]はずがない」

・It is believed that rhinos and hippos cannot have lived in India.
(インドにサイやカバが住んでいたはずがないと思われている。)〔p.54, Q1〕

d. should[ought to] have *done*「〜すべきだったのに(〜しなかった)」

・I should have used the avatar robot when I was in the hospital.
(入院していたとき, 私は分身ロボットを使うべきだったのに(使わなかった)。)

e. need not have *done*「〜する必要がなかったのに(〜した)」

・You need not have visited me in the hospital so many times.
(あなたはそんなに何度も私のお見舞いに来てくれる必要はなかったのに(来てくれた)。)

演習問題

❶ 日本語に合うように，(　)に適する語を書きなさい。

(1) 彼は本当のことを知っていたにちがいない。
He (　　　　)(　　　　)(　　　　) the truth.

(2) だれかがここに来たのかもしれない。
Someone (　　　　)(　　　　)(　　　　) here.

(3) 彼女がそこで彼に会ったはずがない。
She (　　　　)(　　　　)(　　　　) him there.

(4) 私はすぐにあなたに電話すべきだった。
I (　　　　)(　　　　)(　　　　) you at once.

(5) あなたはここに来る必要はなかったのに。
You (　　　　)(　　　　)(　　　　) come here.

❷ 英文を日本語にしなさい。

(1) They must have practiced hard. (　　　　　　　　)

(2) Something may have happened. (　　　　　　　　)

(3) He can't have done such a thing. (　　　　　　　　)

(4) We ought to have taken a taxi. (　　　　　　　　)

❸ 日本語に合うように，(　)内の語句を並べかえて英文を完成させなさい。

(1) 弟が私のケーキを食べたにちがいない。
(my cake / must / eaten / have / my brother).

____

(2) 私は答えを見直すべきだったのに。
(my answers / should / checked / have / I).

____

(3) あなたはその本を買う必要はなかったのに。
(need / that book / you / have / not / bought).

____

演習問題の答え ❶ (1) must have known (2) may have come (3) cannot[can't] have seen[met] (4) should have called (5) need not have ❷ (1) 彼らは一生懸命に練習したにちがいない。 (2) 何かが起こったのかもしれない。 (3) 彼がそんなことをしたはずがない。 (4) 私たちはタクシーに乗るべきだったのに。▶〈ought to have＋過去分詞〉は〈should have＋過去分詞〉と同じく，「～すべきだったのに(～しなかった)」の意味を表す。 ❸ (1) My brother must have eaten my cake. (2) I should have checked my answers. (3) You need not have bought that book. ▶「～する必要がなかったのに(～した)」は〈need not have＋過去分詞〉。

② 受け身で表現したいとき

「〜される」「〜された」という受け身の意味は，〈be 動詞＋過去分詞〉で表す。進行形の受動態は〈be 動詞＋ being ＋過去分詞〉，現在完了や過去完了の受動態は，それぞれ，〈have[has] been ＋過去分詞〉，〈had been ＋過去分詞〉の形になる。

a. be *done*「〜される[された]」

・With an avatar robot, people who are confined to bed like me can also interact with people in different locations. 〔p.42, **1**〕
（分身ロボットがあれば，私のように病床にある者でもさまざまな場所にいる人々と交流できます。）

・The avatar robot was developed by Yoshifuji Kentaro. 〔p.44, **1**〕
（その分身ロボットは吉藤健太朗によって開発された。）

b. be being *done*「〜されている[いた]ところだ」

・A man's voice is being delivered through a robot to a large audience in a lecture hall. 〔p.42, **3**〕
（ある男性の声が，ロボットを介して講堂の中の大勢の聴衆に届けられている。）

c. have[has] been *done*「(現在までに)〜されてしまった／ずっと〜されてきた」など （現在までの）完了・結果，経験，継続（現在の状況も含む）

・Avatar robots have been utilized in various fields. 〔p.46 **1**〕
（分身ロボットはさまざまな分野で活用されている。）

d. had been *done*「(それまでに) 〜されて(しまって)いた／ずっと〜されていた」など 過去のある時点までの完了・結果，経験，継続

・All the tickets for the concert had been sold out when I tried to buy one.
（そのコンサートのチケットは私が買おうとしたときにはすべて売り切れてしまっていた。）

演習問題

❶ 日本語に合うように，（　）に適する語を書きなさい。

(1) 私たちの学校は50年前に建てられた。
Our school (　　　　　) (　　　　　) fifty years ago.

(2) 今日の新聞は今，配達されているところだ。
Today's paper is (　　　　　) (　　　　　) now.

(3) この歌は長年愛されてきている。
This song has (　　　　　) (　　　　　) for years.

(4) 私たちがそこへ行ったとき，門はすでに閉められてしまっていた。
The gate (　　　　　) already (　　　　　) (　　　　　) when we went there.

❷ 下線部を主語にして受動態の文に書き換えるとき，（　）に適する語を書きなさい。

(1) Tom wrote <u>this letter</u>.
→ This letter (　　　　　) (　　　　　) (　　　　　) Tom.

(2) Many people are watching <u>that soccer game</u>.
→ That soccer game (　　　　　) (　　　　　) (　　　　　) (　　　　　) many people.

(3) My brother had repaired <u>this bike</u> many times before then.
→ This bike (　　　　　) (　　　　　) (　　　　　) (　　　　　) my brother many times before then.

❸ 日本語に合うように，（　）内の語句を並べかえて英文を完成させなさい。

(1) 英語は多くの国で話されている。English (spoken / many countries / is / in).

____

(2) 夕食は今，準備されているところだ。
(prepared / dinner / being / is) now.

____

(3) この小説は19世紀以来，多くの人々に読まれてきている。
(read / this novel / by / been / has / many people) since the 19th century.

____

演習問題の答え ❶ (1) was built (2) being delivered (3) been loved (4) had, been closed[shut] ❷ (1) was written by ▶ by ～「～によって」 (2) is being watched by ▶現在進行形の受動態。 (3) had been repaired by ▶過去完了の受動態。 ❸ (1) (English) is spoken in many countries(.) (2) Dinner is being prepared (now.) (3) This novel has been read by many people (since the 19th century.) ▶現在完了の継続で受動態の形になっている。

Key Phrases のまとめ

(ページ)

ページ	
42	□ **be confined to** （病床に）つく ▶「～に限定される，～に閉じ込められている」という意味がある。
42	□ **connect to** ～とつながる Everyone is *connected to* society. （みんなが社会とつながっている）
44	□ **be satisfied with** ～に満足する I *was satisfied with* the present. （私はそのプレゼントに満足した）
44	□ **save ～ from ...** ～を…から救う They *saved* the child *from* the flood. （彼らはその子どもを洪水から救った）
44	□ **come up with** 思いつく，～の着想を得る He *came up with* a unique idea. （彼はユニークな考えを思いついた）
46	□ **in *one*'s case** ～の場合 *In Mike's case*, he doesn't speak Japanese. （マイクの場合，日本語を話さない）
46	□ **at the age of** ～歳のときに Linda came to Japan *at the age of* ten. （リンダは10歳のときに日本に来た）
48	□ **in size** 大きさに関して These robots are different *in size*. （これらのロボットは大きさが異なる）
48	□ **This is because ...** これは…だからだ He likes winter. *This is because* he likes skiing. （彼は冬が好きだ。これは，彼はスキーが好きだからだ）
48	□ **move around** 動き回る He *moved around* in the room. （彼は部屋の中を動き回った）
48	□ **go out** 外出する Let's *go out* after lunch. （昼食後に外出しましょう）
48	□ **have difficulty *doing*** ～することが困難である He *had difficulty running* because of his injured leg. （彼は負傷した脚のせいで走ることが困難だった）
48	□ **in public** 公共の場で ▶反意語は in private「非公式に，内々に」。
48	□ **at work** 職場で He is *at work* now. （彼は今，職場にいる）

演習問題

❶ 日本語に合うように，空所に適語を書きなさい。

(1) トムは日本での生活に満足している。
Tom is (　　　　) (　　　　) his life in Japan.

(2) 私たちは地球を環境汚染から救わなければならない。
We have to (　　　　) the earth (　　　　) environmental pollution.

(3) 彼は 30 歳のときに市長になった。
He became mayor (　　　　) the (　　　　) (　　　　) thirty.

(4) その子どもは待合室で動き回った。
The child (　　　　) (　　　　) in the waiting room.

(5) 彼は日曜日によく友達と外出する。
He often (　　　　) (　　　　) with his friends on Sunday.

(6) 私は公共の場で話すのは好きではない。
I don’t like speaking (　　　　) (　　　　).

❷ 英文を日本語にしなさい。ただし，(3) は下線部のみ。

(1) He has been confined to bed for five years.
(　　　　　　　　　　　　　　　　　　　　)

(2) I came up with a new idea.
(　　　　　　　　　　　　　　　　　　　　)

(3) He is absent. <u>This is because he has a bad cold.</u>
(　　　　　　　　　　　　　　　　　　　　)

(4) We had difficulty finding that building.
(　　　　　　　　　　　　　　　　　　　　)

(5) In my case, I enjoy going to the movies on weekends.
(　　　　　　　　　　　　　　　　　　　　)

(6) He tries to build good relationships at work.
(　　　　　　　　　　　　　　　　　　　　)

演習問題の答え ❶ (1) satisfied with (2) save, from (3) at, age of (4) moved around (5) goes out (6) in public ❷ (1) 彼は5年間(ずっと)病床についている。 (2) 私は新しいアイディア[考え]を思いついた。 (3) これは彼がひどい風邪をひいているからだ。 (4) 私たちはその建物を見つけるのに苦労した。 (5) 私の場合，週末に映画を見に行くのを楽しむ。 (6) 彼は職場でよい関係を築こうとしている。

定期テスト対策問題

❶ 日本文に合う英文になるように，空所に適する語を書きなさい。

□(1) 彼女は試験の結果に満足していた。
She was ________ ________ the result of the exam.

□(2) ピーターの場合，外見に無頓着だ。
________ Peter's ________, he pays no attention to his appearance.

□(3) 多くの人が職場でパソコンを使う。
Many people use their personal computers ________ ________.

□(4) 公共の場でそんなことをすべきでない。
You shouldn't do such a thing ________ ________.

□(5) 動き回らないでください。
Please don't ________ ________.

❷ 英文を（　）内の指示にしたがって書きかえなさい。

□(1) This room is cleaned <u>every morning</u>.（下線部を now にして）

____

□(2) Many people have loved <u>this song</u> for a long time.
（下線部を主語にしてほぼ同じ内容の文に）

____

❸ 日本文に合う英文になるように，（　）内の語句を並べかえなさい。

□(1) 彼の新しい友達が彼を孤独から救ってくれた。
(new friend / him / loneliness / saved / his / from).

____

□(2) 彼女は喉が痛くて話すのが困難だった。
(difficulty / she / speaking / had) because of her sore throat.
________________________________ because of her sore throat.

❹ 英文を日本文にしなさい。ただし，(3)は下線部のみ。

□(1) Someone may have come during my absence.

____

□(2) She came up with a wonderful idea.

____

□(3) He gets up early every morning. <u>This is because he has to walk his dog.</u>

____

❺ 日本文を英文にしなさい。ただし，(2)は（　）内の語を使うこと。

□(1) 彼らは激しい雪のため，外出できなかった。

____

□(2) 彼は８歳のときにギターを弾き始めた。(age)

____

読解

❻ 次の英文を読んで，あとの問いに答えなさい。

"①With an avatar robot, people who are confined to bed like me can also interact with people in different locations. I've realized we can find meaning in our lives by connecting (　②　) society."

A man's voice is ③(be) delivered through a robot to a large audience in a lecture hall. The voice is Banda Yuta's, but now he is actually in bed in the hospital. The robot everyone is listening to is his avatar.

These days, people usually think that every robot is equipped with artificial intelligence (AI). An AI robot can do housework and even communicate (　④　) humans. However, an avatar robot is not equipped with AI. It only has a built-in camera, speaker, and microphone. The operator controls it remotely with a smartphone or personal computer. He or she can talk freely to people in other places, and even express emotions with the robot's gestures. People around the robot feel as if the operator ⑤(be) actually there.

□(1) 下線部①を日本語にしなさい。

____

(2) 本文の流れに合うように，②・④の（　）に適する１語をそれぞれ書きなさい。

□② __________　□④ __________

(3) ③・⑤の（　）内の語を適する形にしなさい。

□③ __________　□⑤ __________

(4) 本文の内容と合っているものには○を，合っていないものには×を書きなさい。

□(a) Banda Yuta is now in a lecture hall with his avatar robot.　(　　)

□(b) All robots including avatar robots are equipped with AI.　(　　)

□(c) An avatar robot can be controlled from a distant place.　(　　)

□(d) With an avatar robot, you can talk freely, but can't make it use gestures.　(　　)

定期テスト対策問題の解答・解説

❶ (1) satisfied with　(2) In, case　(3) at work　(4) in public
(5) move around

解説 (1)「～に満足する」は be satisfied with。
(2)「～の場合」は in *one*'s case。
(3)「職場で」は at work。
(4)「公共の場で」は in public。
(5)「動き回る」は move around。

❷ (1) This room is being cleaned now.
(2) This song has been loved by many people for a long time.

解説 (1)「この部屋は毎朝掃除される」という文の「毎朝」を「今」にすると,「この部屋は今掃除されているところだ」という文になる。現在進行形の受動態〈be 動詞＋ being ＋過去分詞〉を使う。
(2)「多くの人々が長い間この歌を愛してきた」という文の「この歌」を主語にすると,「この歌は長い間多くの人々に愛されてきた」という文になる。現在完了の受動態〈have been ＋過去分詞〉を使う。主語になる this song は 3 人称単数なので, has を使う。

❸ (1) His new friend saved him from loneliness.
(2) She had difficulty speaking (because of her sore throat.)

解説 (1)「～を…から救う」は save ～ from ... で表す。
(2)「～することが困難である」は have difficulty *do*ing で表す。ここは過去の内容なので, had が使われている。

❹ (1) 私の留守中にだれか(が)来たかもしれない。
(2) 彼女はすばらしい考えを思いついた。
(3) これは, 彼は(自分の)犬を散歩させなければならないからだ。

解説 (1)〈may have ＋過去分詞〉は「～した[だった]かもしれない」という過去における推量の意味を表す。
(2) come up with で「～を思いつく」の意味を表す。
(3) This is because ... は「これは…だからだ」の意味を表す。This はすぐ前の文の内容を指す。

❺ (1) They could not go out because of the heavy snow.
(2) He started playing the guitar at the age of eight.

解説 (1)「外出する」は go out で表す。「～のため」は because of。
(2) age を使うよう指示があるので,「～歳のときに」は at the age of で表す。

❻ (1) 分身ロボットがあれば, 私のように病床にある者でもさまざまな場所にいる人々と交流できます。
(2)② to ④ with
(3)③ being ⑤ were
(4)(a) × (b) × (c) ○ (d) ×

解説 (1) 文頭の With は「～があれば」の意味を表す。who は関係代名詞で, who ... like me が文の主語である people を修飾している。in different locations は「さまざまな場所に[で]」。
(2)② connect to で「～とつながる」の意味を表す。
④ communicate with で「～とコミュニケーションをとる」の意味になる。
(3)③ 前に is があり, あとに過去分詞が続いているので, 現在進行形の受動態〈be 動詞＋ being ＋過去分詞〉にする。
⑤ as if は「まるで～であるかのように」の意味を表す。「ロボットの周りの人々は, まるで操作者が実際にそこにいるように感じる」という文にする。操作者とは, 病床などにいて話をしている人で, 実際にはその場所にいないので, 仮定法過去の文を続ける。仮定法過去の文では, be 動詞は通常, 主語に関係なく were を使う。
(4)(a)「番田雄太は, 今, 彼の分身ロボットとともに講堂の中にいる」という文。本文第2段落の2番目の文の後半参照。彼は, 実際は病院のベッドにいることがわかるので, 内容に合っていない。
(b)「分身ロボットも含めて, すべてのロボットは AI を備えている」という文。本文第3段落の3番目の文参照。分身ロボットは AI を備えていないとわかるので, 内容に合っていない。
(c)「分身ロボットは離れた場所から操作できる」という文。本文第3段落の5番目の文参照。「操作者はスマートフォンやパソコンでそれ（＝分身ロボット）を遠隔で操作する」という内容に合っている。
(d)「分身ロボットがあれば, 自由に話すことができるが, それに身振りをさせることはできない」という文。本文第3段落の6番目の文参照。ロボットの身振りで感情を表現することさえできることがわかるので, 内容に合っていない。

LESSON

4 Approaches to Food Waste

Preview

Introduction

食品ロスの問題がテーマ。日本はどのくらいの量の食品ロスを出しているのか，どんな種類の食品ロスがあるのか，どんな取り組みがなされているのかを知り，私たちが日常生活でできることは何かについて考えよう。

● Part 別に Summary を完成させよう ⋯⋯⋯⋯⋯>

Part 1 食品ロスはなぜ問題なのだろう。

2016 年の日本の食品ロスは約（　(1)　）トンにのぼった。食品ロスは（　(2)　）に悪い。廃棄された食品の焼却によって多くの二酸化炭素が排出され，（　(3)　）に含まれる有害物質が土壌を汚染する。また，倫理的な問題がある。国連が開発途上国に提供している食品のほぼ（　(4)　）倍の量の食品を日本は捨てている。また，現在の世界では，（　(5)　）人に 1 人が飢餓に苦しんでいる。このような中，これほど多くの食品を無駄にしていることは道徳的に間違っている。

Part 2 二種類の食品ロスとは何だろう。

2016 年の日本の（　(6)　）系の食品ロスは約 350 万トンで，全食品廃棄物の約 55%だった。レストランやスーパーマーケットに届く前にさえ，150 万トン以上の食品が廃棄されていた。サイズや形が（　(7)　）だったというのがその主な理由である。さらに，特別な（　(8)　）などのときに大量に売れ残った食品が廃棄される。一方，（　(9)　）系の食品ロスは約 290 万トンで，全食品廃棄物の約 45%だった。家庭では大量の（　(10)　）や期限切れの食品が捨てられている。

Part 3 政府，産業界，消費者の協力にはどのようなよい例があるのだろう。

（　(11)　）年に新しい法律が導入され，政府，産業界，そして（　(12)　）が食品ロスを削減するために協力すべきだとした。（　(13)　）は問題にうまく対処できる方法の一例である。（　(14)　）が少し破損していたり，期限が近かったりするだけで廃棄される食品が集められ，必要とする人々に届けられる。フードバンクは，（　(15)　）の問題を解決するために積極的な一歩を踏み出したと言える。

Part 4 日常生活でどのように食品ロスを減らすことができるのだろう。

(　(16)　) として食品ロスを減らすために何ができるだろうか。私たちは本当に (　(17)　) なものだけを購入すべきだ。レストランで料理をすべて食べられないときは，(　(18)　) バッグを活用できる。「消費期限」ラベルを「賞味期限」ラベルと混同する人もいるが，この２つはまったく別のものである。(　(19)　) 期限を過ぎた食品は食べるべきではないが，(　(20)　) 期限を過ぎた食品は，完全に新鮮ではなくても食べることはできる。

Overview

● 各 Part について，適切なタイトルを選んでみよう ………… >

1. a. Why Food Is Thrown Out Around the World
   b. Reasons Why Food Waste Is Wrong
   c. Ethical Issues in Developing Countries

2. a. Two Types of Food Waste
   b. Huge Amounts of Food Wasted at Home
   c. How to Reduce the Amount of Unsold Food

3. a. A Food Bank in Ibaraki Prefecture
   b. Food Delivery to Poor People
   c. The Potential of Food Banks

4. a. A Useful App to Reduce Food Waste
   b. Various Solutions for Food Waste
   c. Expiration Dates on Food

Hint 1. Part 1 では「食品ロスの問題点」が述べられている。
a. be thrown out「捨てられる」 b. food waste「食品ロス」 c. ethical issue「倫理的問題」
2. Part 2 では「二種類の食品ロス」について述べられている。
a. type「類型，タイプ」 b. huge amounts of「膨大な～」 c. reduce「～を減らす」 unsold「売れ残りの」
3. Part 3 では「フードバンクの活動内容」について述べられている。
b. delivery「配達」 c. potential「可能性」
4. Part 4 では「消費者として何ができるか」について述べられている。
a. app「アプリ」 b. various「さまざまな」, solution「解決策」 c. expiration「期限切れ」

● Summary 完成問題の答え ………… > (1) 640万　(2) 環境　(3) 灰　(4) 2　(5) 9　(6) 事業　(7) 規格外　(8) 行事　(9) 家庭　(10) 食べ残し　(11) 2019　(12) 消費者　(13) フードバンク　(14) 包装　(15) 食品ロス　(16) 消費者　(17) 必要　(18) ドギー　(19) 消費　(20) 賞味

LESSON 4

Part 1 Why is food waste a problem?

教科書 p.58～59

本文を読もう 意味のまとまりを意識しながら読もう。

[1] *Hiroto is giving a presentation in class.* //
プレゼンテーション

Hiroto: [2] In 2016, / Japan threw out about 6.4 million tons of edible food. // [3] This is the same amount / as if every Japanese threw out one bowl of rice every day. // [4] I will explain / [why this is so wrong]. //

threw out: KP ～を捨てる　tons: NW トン　edible: NW 食べられる　as if: あたかも～のような　one bowl of: 茶碗1杯の～　explain: ～を説明する

[5] First, / food waste is bad for the environment. // [6] When wasted food is burned as garbage, / a lot of carbon dioxide is released. // [7] Moreover, / the ash contains toxic substances, / which pollute soil. //

food waste: 食品廃棄物，食品ロス　environment: 環境　burned: 燃やされる　garbage: ごみ　carbon dioxide: 二酸化炭素　released: NW ～を排出する　ash: NW 灰　contains: ～を含む　toxic: 有害な　substances: 物質　pollute: NW ～を汚染する　soil: NW 土壌

[8] Next, / there is an ethical issue (to think about). // [9] Please look at Slide 1. // [10] It shows / Japan wastes almost twice as much food as the UN provides to developing countries. // [11] Listen to this shocking fact about our world today: // [12] One out of nine people is suffering from starvation. // [13] With this level of poverty in the world, / it is morally wrong for us / to waste so much food. //

ethical: NW 倫理的な　issue: 問題　It: ＝Slide 1　twice as much ～ as: ～の2倍（の量）の　provides: ～を供給する　developing countries: 開発途上国　shocking: NW 衝撃的な　out of: KP ～のうち　is suffering from: ～で苦しんでいる　starvation: NW 飢餓　poverty: 貧困　morally: NW 道徳的に

➡解説 (3, 4, 7, 10, 13)

読解のポイント

▶ 約640万トンとは何の量だろうか。

▶ 食品廃棄物が環境に悪いのはなぜだろうか。

▶ 倫理的な問題とは何だろうか。

3 This is the same amount as if every Japanese threw out one bowl of rice every day.

・文頭の This はすぐ前の文の about 6.4 million tons ... を指す。

・as if ～は「あたかも～のような」。threw out は throw out「～を捨てる」の throw が過去形になったもの。ここは as if に続く文が仮定法過去の形になっている。one bowl of の bowl はここでは「茶碗」を意味する。

訳を完成させなさい。ただし，This の内容を示すこと。

（　　　　　）は，（　　　　　　　　　　）である。

4 I will explain why this is so wrong.

・why 以下は間接疑問で「なぜ～か(ということ)」の意味を表し，explain の目的語となっている。this はすぐ前の文の内容を指している。

訳を完成させなさい。

私が（　　　　　　　　　　）説明しましょう。

7 Moreover, the ash contains toxic substances, which pollute soil.

・which は関係代名詞の継続用法で，toxic substances を補足的に説明している。

訳を完成させなさい。

さらに，（　　　　　　　　　　）。

10 It shows Japan wastes almost twice as much food as the UN provides to developing countries.

・文頭の It は，すぐ前の文で出てきた Slide 1 を指す。shows のあとには接続詞 that が省略されていて，Japan 以下の文が shows の目的語になっている。

・twice as much ～ as ... は「…の２倍(の量)の～」の意味。

訳を完成させなさい。

それは（　　　　　　　　　　）を示している。

13 With this level of poverty in the world, it is morally wrong for us to waste so much food.

・With は「～した状態で」。this level of「このレベルの～」の this はすぐ前の 12 の文の「(世界の) 9人に1人が飢餓に苦しんでいる」という内容を指す。

・it is ... for — to ～「—が～することは…である」の文。it は形式主語で，to 以下が真主語。for us は to 以下の意味上の主語。

訳を完成させなさい。

世界にこのレベルの貧困がある状態で，（　　　　　　　　　　）。

確認問題の答え

3 (約) 640万トン / あたかもすべての日本人が毎日茶碗１杯のご飯を捨てるのと同じ量　4 なぜこれがとても悪いことなのかを　7 灰は有害(な)物質を含んでいて，(それは) 土壌を汚染する　10 日本は国連が開発途上国に提供しているほぼ２倍(の量)の食べ物を無駄にしていること　13 私たちがこれほど多くの食べ物を無駄にすることは，道徳的に間違っている

Part 2 What are two types of food waste?

本文を読もう 意味のまとまりを意識しながら読もう。

➲解説
Hiroto: [1] What causes so much waste? // [2] Slide 2 shows the amount of industrial
～を引き起こす 量 NW 事業の

and household food waste in Japan. //
NW 家庭の

➲解説
[3] In 2016, / industrial food waste was about 3.5 million tons, / or about 55% of
すなわち

➲解説
all edible food (thrown out). // [4] More than 1.5 million tons had been discarded / even
食べられる NW ～を廃棄する

➲解説 主に
before it reached restaurants or supermarkets. // [5] That was mainly because it was
KP それは…だからだった

a non-standard size or shape. // [6] Additionally, / a large amount of unsold food is
規格外の サイズ 形 さらに 大量の NW 売れ残りの

also thrown out. // [7] For example, / food for special occasions / such as Christmas
NW 量 NW 行事 ～のような

cakes and *ehomaki*, / is often discarded in large quantities. // [8] In fact, / many people
大量に 実際に

were shocked by images of huge amounts of wasted food on social media. //
画像 膨大な量の ソーシャルメディア上の

[9] By contrast, / household food waste was about 2.9 million tons, / about 45%
KP 対照的に 同格

➲解説
of the total. // [10] So much leftover and expired food is thrown out at home. // [11] To be
NW 食べ残しの 期限切れの KL

NW 正直な ➲解説 NW 恥ずかしい
honest, / my family is also guilty of doing this. // [12] I'm embarrassed at not having
正直なところ NW 有罪の KP ～を恥ずかしく思う KL

thought about food waste at all until recently. //
考えていなかった 最近まで

読解のポイント

▶ 食品ロスにはどんな種類があるのだろうか。

▶ 2016 年の日本の事業系食品ロスはどのような状況だったのだろうか。

▶ 2016 年の日本の家庭系食品ロスはどのような状況だったのだろうか。

1 What causes so much waste?

・so much waste「そんなにたくさんの無駄」とは，Part 1 で述べられた大量の食品ロスのことを指している。

3 In 2016, industrial food waste was about 3.5 million tons, or about 55% of all edible food thrown out.

・or は「すなわち」の意味で，すぐ前の about 3.5 million tons を言い換えた内容があとに続く。thrown out は過去分詞で始まる句で，前の名詞 all edible food を修飾。

4 More than 1.5 million tons had been discarded even before it reached restaurants or supermarkets.

・more than は「～より多い」。

・had been discarded は過去完了形の受動態。even before で始まる節の動詞 reached（過去）よりさらに前のことを表している。even before は「～の前でさえ」。

訳を完成させなさい。

（　　　　　　）前でさえ，（　　　　　　　　　　　　）。

5 That was mainly because it was a non-standard size or shape.

・That was mainly because は That was because「それは…だからだった」の表現に mainly「主に」が加わったもの。「それは主に…だからだった」ということ。**KP** なお，That はすぐ前の文の内容を指す。

訳を完成させなさい。

それは主に，（　　　　　　　　　　　　　　　　）だった。

11 To be honest, my family is also guilty of doing this.

・To be honest は独立不定詞で，「正直なところ」という意味。**KL**

・be guilty of *do*ing で「～する罪を犯している」。this はすぐ前の文の内容を指す。

訳を完成させなさい。ただし，this の内容を示すこと。

（　　　　　），（　　　　　　　　　　　　　　）過ちを犯している。

12 I'm embarrassed at not having thought about food waste at all until recently.

・be embarrassed at は「～を恥ずかしく思う」。**KP**

・having thought は完了形の動名詞〈having ＋過去分詞〉の形で，I'm embarrassed（現在）より前のできごとであることを示している。ここは前に not があるので，完了形の動名詞の否定形となっている。**KL**　not ... at all で「まったく…ない」。

確認問題

訳を完成させなさい。

私は，（　　　　　　　　　　　　　　　　　　）。

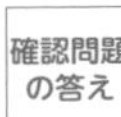

4 レストランやスーパーマーケットに届く / 150 万トン以上（の食品）が廃棄されていた
5 それが規格外のサイズや形だから（という理由）　11 正直なところ / 私の家族も食べ残しや期限切れの食品を捨てる　12 最近まで食品ロスについてまったく考えていなかったことを恥ずかしく思う

LESSON 4

Part 3 What is a good example of government, industries, and consumers collaborating?

教科書 p.62～63

本文を読もう 意味のまとまりを意識しながら読もう。

Hiroto: [1] In 2019, / a new law was introduced. // [2] It stated that government, industries, and consumers were to collaborate / (to reduce food waste). // [3] Food banks show us [how they successfully address the problem]. // [4] These organizations collect and distribute food to poor people. //

(注: 解説 It ＝a new law / NW law 法律 / NW collaborate 協力する / NW industries 産業 / NW consumers 消費者 / KL were to collaborate 協力すべきだった / to reduce ～するために / 解説 Food S / show V / us O / [how ...] O / NW successfully うまく / address ～に対処する / NW organizations 組織 / NW distribute ～を配布する)

[5] Unfortunately, / a lot of food is discarded / just because the package is a little damaged / or the expiration date is near. // [6] Instead of throwing it out, / such food can be delivered to those [who really need it]. // [7] Take a church in Ibaraki Prefecture as an example. // [8] In the past, / it was only able to provide homeless people / with about two kilograms of food a month. // [9] By working with local food banks, / the church can now distribute about six kilograms a month. //

(注: 解説 Unfortunately 残念ながら / is discarded 廃棄される / just because ただ～というだけで / NW package 包装 / a little 少し / damaged 破損された / NW expiration 期限切れ / 解説 Instead of ～する代わりに / can be delivered 届けることができる / KP those who ～する人々 / Take ... as an example ～を例にとる / 解説 In the past 過去には / NW homeless ホームレスの / KP provide ... with ～に…を提供する / a month 1か月に / By ～することによって / the church S / can now distribute V / about six kilograms O / a month 1か月に)

[10] Food banks have taken a positive step to solve the problem of food waste. //

(注: positive 積極的な / KP take a step to solve ～を解決するための一歩を踏み出す)

[11] However, / each of us should also think about what we can do / (to reduce waste in our daily lives). //

(注: each of us S / should also think V / what we can do 私たちに何ができるか / to reduce ～するために)

読解のポイント

- ▶ 2019年に導入された新しい法律とはどのようなものだろうか。
- ▶ 多くの食品が廃棄される理由とは何だろうか。
- ▶ フードバンクとはどのようなものだろうか。

2　It stated that government, industries, and consumers were to collaborate to reduce food waste.

・文頭の It はすぐ前の文の a new law を指す。state that ... で「…であると言明する」。

・were to collaborate の部分は，〈be to＋動詞の原形〉の形。be to *do* は〈義務，予定，運命，可能，意図〉などの意味を表すが，ここは，義務の意味になる。**KL**

・to reduce 以下は「〜するために」の意味で目的を表す副詞的用法の不定詞句。

確認問題　訳を完成させなさい。
それは，（　　　　　　　　　　　　　　　　　）と言明した。

3　Food banks show us how they successfully address the problem.
S　V　O_1　O_2

・〈S＋V＋O＋O〉の第4文型の文。how 以下は間接疑問で，show の2つ目の目的語になっている。they はこの文の主語の food banks のこと。

訳を完成させなさい。
フードバンクは私たちに（　　　　　　　　　　　　　　　　　）。

5　Unfortunately, a lot of food is discarded just because the package is a little damaged or the expiration date is near.

・just because ... は「ただ…というだけで」。理由を表す because の節に just が付け加えられた形。

訳を完成させなさい。
残念ながら，（　　　　　　　　），多くの食品が（　　　　　　　　）。

6　Instead of throwing it out, such food can be delivered to those who really need it.

・such food「そのような食品」の such「そのような」はすぐ前の文で述べられた，廃棄される食品のことを指す。can be delivered「届けられることができる」は〈助動詞＋受動態〉だが，能動態で訳して「届けることができる」とするとよい。

・those who ... は「…する人々」の意味を表す。「人々」を表す those が関係代名詞 who の先行詞になっている。**KP**

・Instead of throwing it out と really need it の it はともに such food を指す。

訳を完成させなさい。
そのような食品を（　　　　　　　），（　　　　　　　　　　　　）。

8　In the past, it was only able to provide homeless people with about two kilograms of food a month.

・it was only able to 〜は，it ... to 〜の文で，it は形式主語。to 以下が真主語。

・〈provide＋人＋with＋もの〉で「(人)に(もの)を提供する」。**KP**

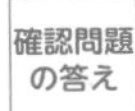

2　政府，産業界，消費者が食品ロスを削減するために協力すべきだ　3（それらが）どのようにして問題にうまく対処するのかを示してくれる　5　ただ包装が少し破損しているとか，期限が近いというだけで / 廃棄される　6　捨てる代わりに / 本当にそれを必要とする人々に届けることができる

Part 4 How can we reduce food waste in our daily lives?

教科書 p.64～65

本文を読もう 意味のまとまりを意識しながら読もう。

[1] *Hiroto's classmates are discussing his presentation.* //

Mr. Green: [2] Thank you for your excellent presentation, / Hiroto. // [3] So, / as consumers, / what can we do (to reduce food waste)? //

（Thank you for：～をありがとう　as：～として　to reduce：～するために）

Saki: [4] Needless to say, / we should buy [only what we really need]. // [5] My family uses an app (to check [how much food we have in the fridge], / so we don't buy too much. //

（➲解説 NW 不必要な　KL Needless to say：言うまでもなく　we：S　should buy：V　[only what we really need]：O　➲解説　NW app：アプリ　check：V'　[how much food …]：O'　NW fridge：冷蔵庫　so：だから）

Yui: [6] Sometimes at a restaurant, / I can't finish my meal. // [7] So, / I'd like to try a "doggy bag." // [8] It's a container (to take home leftover food). // [9] Until recently, / few restaurants in Japan seemed to have offered doggy bags. // [10] But today, / more and more restaurants allow customers to take home their uneaten food. //

（doggy bag：ドギーバッグ　NW container：容器　to take：～するための　➲解説 Until recently：最近まで　few：ほとんど～ない　KL seemed to have offered：～を提供していたようだった　more and more：ますます多くの　allow … to：～に…することを許す　NW uneaten：食べ残しの）

Ken: [11] Some people confuse the "use-by date" label with the "best-before date" label, / but they are completely different. // [12] We should not eat food after its use-by date / (to avoid getting sick). // [13] However, / we can still eat food after its best-before date, / even if it isn't completely fresh. //

（➲解説　use-by date：消費期限　NW label：ラベル　KP confuse … with：～を…と混同する　best-before date：賞味期限　completely：まったく　to：～するために　avoid：～するのを避ける　➲解説　still：まだ　after：～のあとで　even if：たとえ～でも）

Mr. Green: [14] Thanks, / everyone. // [15] What interesting and useful ideas! //

読解のポイント

- ▶ 消費者としてできることは何だろうか。
- ▶ ドギーバッグとは何だろうか。
- ▶ 「消費期限」と「賞味期限」の違いは何だろうか。

4 Needless to say, we should buy only what we really need.

・Needless to say は独立不定詞で，「言うまでもなく」の意味を表す。KL

・should は「〜すべきである」。only 以下が buy の目的語。what は関係代名詞で，the things which と同じ意味。buy only 〜で「〜だけを買う」ということ。

訳を完成させなさい。

（　　　　　），私たちは（　　　　　　　　　　　　　　）。

5 My family uses an app to check how much food we have in the fridge, so we don't buy too much.

・to check ... in the fridge は形容詞的用法の不定詞句で，前の名詞 app を修飾している。

・how ... in the fridge は間接疑問で，check の目的語になっている。

訳を完成させなさい。

私の家族は（　　　　　　　　　　　　），買いすぎることはない。

9 Until recently, few restaurants in Japan seemed to have offered doggy bags.

・few は「ほとんど〜ない」。a few「少し〜ある」との違いに注意。

・seemed to have offered の to 以下は完了形の不定詞句〈to have＋過去分詞〉。この文では，seemed（過去）の時点までの継続を表している。KL

訳を完成させなさい。

（　　　　　），日本の（　　　　　　　　　　　　　　）。

11 Some people confuse the "use-by date" label with the "best-before date" label, but they are completely different.

・confuse 〜 with ... で「〜を…と混同する」。KP

・but のあとの they は，同じ文の the "use-by date" label と the "best-before date" label を指す。completely different は「まったく異なる」。

訳を完成させなさい。

（　　　　　　　　　）人もいるが，（　　　　　　　　　）。

13 However, we can still eat food after its best-before date, even if it isn't completely fresh.

・even if 〜は「たとえ〜でも」。isn't completely fresh の部分は completely が否定文で使われたことで部分否定となり，「完全に〜ではないとしても」の意味。

訳を完成させなさい。

しかしながら，たとえ（　　　　　　　），私たちは（　　　　　　　）あとで，（　　　　　　　　　　）。

確認問題の答え

4 言うまでもなく / 本当に必要なものだけを買うべきだ　5 冷蔵庫にどれだけ食品があるかを確認する（ための）アプリを使っているので　9 最近まで / ほとんどのレストランはドギーバッグを用意［提供］していなかったようだった　11「消費期限」ラベルを「賞味期限」ラベルと混同している / それらはまったく異なる　13 それが完全に新鮮ではないとしても / 賞味期限の / まだ食品を食べることができる

LESSON 4

文法のまとめ

動詞の形Ⅲ（準動詞①）〔→教科書 p.185〕

① 述語動詞よりも前の時を表したいとき

〈to ＋動詞の原形〉(不定詞)や動詞の ing 形(動名詞)を使って，文の動詞の時制よりも前の時を表すことができる。それには，to have *done*(完了形の不定詞)や having *done*(完了形の動名詞)を使う。

to have *done* / having *done* を用いる。

a. seem to have *done*「～だった[した]ようだ」

・Until recently, few restaurants in Japan seemed to have offered doggy bags.
〔p.64, **9**〕
(最近まで，日本のほとんどのレストランはドギーバッグを用意していなかったようだった。)

a'. seem to *do*「～である[する]ようだ」

・Few restaurants in Japan seemed to offer doggy bags.
(日本のほとんどのレストランはドギーバッグを用意していないようだった。)

b. having *done*「～であった[した]こと」

・I'm embarrassed at not having thought about food waste at all until recently.
〔p. 60, **12**〕
(私は最近まで食品ロスについてまったく考えていなかったことを恥ずかしく思う。)

b'. *do*ing「～すること」

・I'm embarrassed at not thinking about food waste at all.
(私は食品ロスについてまったく考えていないことを恥ずかしく思う。)

演習問題

❶ 日本語に合うように，（　）に適する語を書きなさい。

(1) 彼は以前，彼女と会ったことがあるようだ。
He seems (　　　　)(　　　　)(　　　　) her before.

(2) 彼らは長い間そこに住んでいたようだった。
They seemed (　　　　)(　　　　)(　　　　) there for a long time.

(3) 彼女はそこで写真を撮らなかったことを後悔した。
She regretted not (　　　　)(　　　　) some pictures there.

(4) 状況をお知らせしなかったことを謝ります。
I apologize for (　　　　)(　　　　) let you know the situation.

❷ 英文を日本語にしなさい。

(1) They seem to be good friends.
(　　　　　　　　　　　　　　　　　　　　)

(2) They seem to have been good friends.
(　　　　　　　　　　　　　　　　　　　　)

(3) He is angry at her for not telling the truth.
(　　　　　　　　　　　　　　　　　　　　)

(4) He is angry at her for not having told the truth.
(　　　　　　　　　　　　　　　　　　　　)

❸ 日本語に合うように，（　）内の語句を並べかえて英文を完成させなさい。

(1) 彼は何日間も病気だったように見えた。
He (ill / seemed / been / have / for days / to).

____

(2) やっと春が来たようだ。(have / come / seems / spring / to) at last.

____

(3) 私はそんなことをしたことが恥ずかしい。
(having / am / of / I / done / ashamed) such a thing.

____

演習問題の答え ❶ (1) to have met[seen]　(2) to have lived ▶ (1)(2) 完了形の不定詞 (to have *done*) にする。　(3) having taken　(4) not having ▶ (3)(4) 完了形の動名詞の否定形(not having *done*) にする。　❷ (1) 彼らはよい友達のようだ。　(2) 彼らはよい友達だったようだ。　(3) 彼は，彼女が本当のことを言わないことに腹を立てている。　(4) 彼は，彼女が本当のことを言わなかったことに腹を立てている。　❸ (1) (He) seemed to have been ill for days(.)　(2) Spring seems to have come (at last.)　(3) I am ashamed of having done (such a thing.)

② 予定・義務・可能・意図・運命を表したいとき

〈be to *do*〉の形で，予定，義務，可能，意図，運命の意味を表すことができる。

be to *do*　やや形式ばった表現となる。

a.「～することになっている〈予定〉」　はっきりと決まった公式の予定

・My boss and I are to see the most suspicious person tomorrow.〔p.70, **Q1**〕
（上司と私は，明日，最も疑わしい人物と会うことになっている。）

b.「～しなければならない〈義務〉」

・The new law stated that government, industries, and consumers were to collaborate to reduce food waste.〔p.62, **2**〕
（新しい法律は，政府，産業界，そして消費者が食品ロスを削減するために協力しなければならないと表明した。）

c.「～することができる〈可能〉」　※おもに否定文・受け身で使われる

・No evidence was to be found in the jewelry shop.
（宝石店では，証拠は見つからなかった。）

d.「～するつもりである〈意図〉」　※おもに if 節中で使われる

・If the government is to consider a new law, it should explain the advantages and disadvantages to us.
（もし政府が新しい法律を検討するつもりなら，メリットとデメリットを私たちに説明すべきだ。）

e.「～する運命にある〈運命〉」　※おもに過去形で使われ，よくない運命を表す

・All the food was to be discarded by that day.
（すべての食品はその日までに廃棄されることになっていた。）

③ 話し手の意見や判断を表現したいとき

〈to ＋動詞の原形〉を含む慣用表現で話し手の意見や判断を表すことができる。

a. to be honest「正直に言うと」

・To be honest, my family is also guilty of throwing out food.〔p.60, **11**〕
（正直なところ，私の家族も食べ物を捨てている罪悪感があります。）

b. needless to say「言うまでもなく」

・Needless to say, we should buy only what we really need.〔p.64, **4**〕
（言うまでもなく，私たちは本当に必要なものだけを購入すべきです。）

※他に，to begin[start] with「まず第一に」，to tell the truth「実を言うと」など

演習問題

❶ 日本語に合うように，（　）に適する語を書きなさい。

(1) 正直に言うと，私は彼の間違いに気づいていた。
(　　　　　) be (　　　　　), I was aware of his mistake.

(2) 言うまでもなく，トムとマイクは私の友達だ。
(　　　　　) (　　　　　) say, Tom and Mike are my friends.

(3) まず第一に，お互いに自己紹介しましょう。
(　　　　　) (　　　　　) with, let's introduce ourselves to each other.

(4) 実を言うと，私は彼女のことをよく知りません。
(　　　　　) (　　　　　) the (　　　　　), I don't know her well.

❷ 英文を日本語にしなさい。

(1) We are to help each other.　(　　　　　　　　　　)

(2) No stars were to be seen last night.　(　　　　　　　　　　)

(3) If you are to succeed, you should never give up.
(　　　　　　　　　　　　　　　　　　　　)

(4) He was never to come back to Japan.
(　　　　　　　　　　　　　　　　　　　　)

❸ 日本語に合うように，（　）内の語句を並べかえて英文を完成させなさい。

(1) 大統領は明日，演説することになっている。
(to / a speech / is / give / the president) tomorrow.

____

(2) これらの部屋はすぐに掃除しなければならない。
(cleaned / these rooms / to / are / be) at once.

____

(3) それらの野菜はすべて廃棄されることになっていた。
All (discarded / those vegetables / to / were / be).

____

演習問題の答え　❶ (1) To, honest　(2) Needless to　(3) To begin[start]　(4) To tell, truth　❷ (1) 私たちはお互いに助け合うべきだ。▶ 義務を表す。　(2) 昨夜は星が１つも見えなかった。▶ 可能を表す。　(3) 成功するつもりなら，決してあきらめるべきではない。▶ 意図を表す。　(4) 彼は二度と日本にもどらない運命だった。▶ 運命を表す。　❸ (1) The president is to give a speech (tomorrow.)　(2) These rooms are to be cleaned (at once.)　(3) (All) those vegetables were to be discarded(.)

Key Phrases のまとめ

(ページ)

58	☐ **throw out** ～を捨てる Don't *throw out* those shoes.（その靴を捨てないで）
58	☐ **out of** ～のうち Three *out of* ten students at this school come to school by bus. （この学校の 10 人のうち 3 人の生徒がバスで登校する）
60	☐ **That is because ...** それは…だからだ I can't tell Tom from Bob. *That is because* they are twins. （私はトムとボブの見分けが付かない。それは彼らが双子だからだ）
60	☐ **by contrast** 対照的に I like going out. *By contrast*, my brother likes staying home. （私は外出するのが好きだ。対照的に，私の兄[弟]は家にいるのが好きだ）
60	☐ **be embarrassed at** ～を恥ずかしく思う She *was embarrassed at* her carelessness. （彼女は自分の不注意を恥ずかしく思った）
62	☐ **those who ...** …する人々 *Those who* arrive early can get a special coupon. （早く到着した人々は特別なクーポンをもらうことができる）
62	☐ **provide ~ with ...** ～に…を提供する ▶ provide のあとには「人」が，with のあとには「物」がくる。〈provide + 物 + for + 人〉「(物)を(人)に提供する」との違いに注意。
62	☐ **take a step to *do*** ～するための一歩を踏み出す He *took a step to realize* his dream. （彼は夢を実現するための一歩を踏み出した）
64	☐ **confuse ~ with ...** ～を…と混同する Don't *confuse* freedom *with* privilege.（自由と特権を混同してはならない）

その他の重要表現

60	☐ **a large amount of** 大量の ▶不可算名詞に使う。可算名詞には a large number of「多数の」を使う。
62	☐ **instead of *doing*** ～する代わりに He listened to music *instead of watching* TV. （彼はテレビを見る代わりに音楽を聞いた）

演習問題

❶ 日本語に合うように，空所に適語を書きなさい。

(1) 彼はリサイクル可能なものを分別したあと，ごみを捨てた。
He (　　　　) (　　　　) the garbage after separating recyclable things.

(2) 私はコーヒーが好きだ。対照的に，姉は紅茶が好きだ。
I like coffee. (　　　　) (　　　　), my sister likes tea.

(3) 彼らは私たちに昼食を提供した。
They (　　　　) us (　　　　) lunch.

(4) この学校の生徒の５人に１人は海外に行ったことがある。
One (　　　　) (　　　　) five students at this school has been abroad.

(5) リンダはその日本語の単語をほかの単語と混同した。
Linda (　　　　) that Japanese word (　　　　) another one.

(6) 毎日，大量の二酸化炭素が排出される。
A large (　　　　) (　　　　) CO_2 is emitted every day.

❷ 英文を日本語にしなさい。ただし，(1) は下線部のみ。

(1) I can't read this letter. <u>That is because it is written in German.</u>
(　　　　　　　　　　　　　　　　　　　　　　)

(2) He was embarrassed at his ignorance.
(　　　　　　　　　　　　　　　　　　　　　　)

(3) They helped those who had lost their houses.
(　　　　　　　　　　　　　　　　　　　　　　)

(4) We should take a step to reduce greenhouse gases.
(　　　　　　　　　　　　　　　　　　　　　　)

(5) I called her instead of sending her an email.
(　　　　　　　　　　　　　　　　　　　　　　)

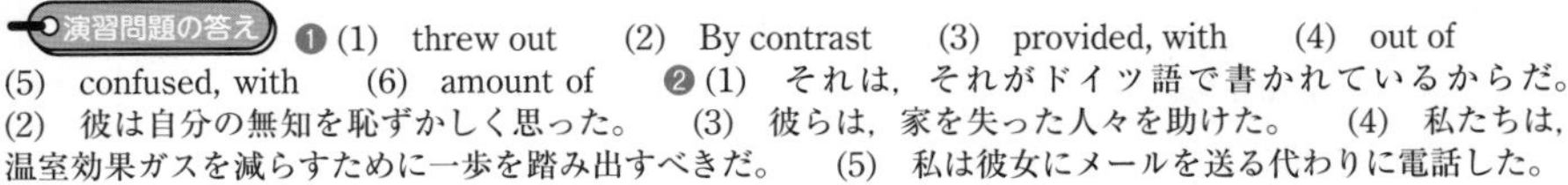
演習問題の答え ❶ (1) threw out (2) By contrast (3) provided, with (4) out of (5) confused, with (6) amount of ❷ (1) それは，それがドイツ語で書かれているからだ。 (2) 彼は自分の無知を恥ずかしく思った。 (3) 彼らは，家を失った人々を助けた。 (4) 私たちは，温室効果ガスを減らすために一歩を踏み出すべきだ。 (5) 私は彼女にメールを送る代わりに電話した。

定期テスト対策問題

❶ 日本文に合う英文になるように，空所に適する語を書きなさい。

□(1) ここにごみを捨ててはいけません。
You must not ______ ______ garbage here.

□(2) メアリーは外向的だ。対照的に，彼女の妹は内向的だ。
Mary is an extrovert. By ______, her sister is an introvert.

□(3) 正直なところ，私はこの映画があまり好きではない。
______ be ______, I don't like this movie very much.

□(4) 彼らは難民たちに食べ物と水を供給した。
They ______ the refugees ______ food and water.

□(5) 彼女は自分の行動を恥ずかしく思っている。
She is ______ ______ her behavior.

❷ 各組の英文がほぼ同じ内容を表すように，空所に適する語を書きなさい。

□(1) He is proud that he won first prize at the contest.
He is proud of ______ ______ first prize at the contest.

□(2) It seems that she didn't hear that news.
She seems ______ ______ ______ heard that news.

❸ 日本文に合う英文になるように，(　) 内の語句を並べかえなさい。

□(1) 警察はその犯罪を解明するための一歩を踏み出した。
(a / the crime / the police / to / took / step / solve).

______

□(2) 私たちは困っている人々を助けるべきだ。
(help / in need / who / should / we / are / those).

______

❹ 英文を日本文にしなさい。ただし，(2)は下線部のみ。

□(1) It is said that one out of four Japanese will be over 75 years old in 2060.

______

□(2) She is angry. <u>That is because I told her a lie.</u>

______

□(3) The students at this school are to come to school by eight thirty.

______

❺ 日本文を英文にしなさい。ただし，必要に応じて（　）内の語句を形を変えて使うこと。

□(1) 彼は私にその本を返したと言い張った。(insist on)

____

□(2) 夜の間に雨が降ったようだ。(seem to)

____

読 解

❻ 次の英文を読んで，あとの問いに答えなさい。

Mr. Green: Thank you for your excellent presentation, Hiroto. So, as consumers, what can we do to reduce food waste?

Saki: ①<u>Needless to say, we should buy only what we really need.</u> My family uses an app to check how much food we have in the fridge, so ②<u>we don't buy too much.</u>

Yui: Sometimes at a restaurant, I can't finish my meal. So, I'd like to try a "doggy bag." It's a container to take home leftover food. ③<u>Until recently, few restaurants in Japan seemed to have offered doggy bags.</u> But today, more and more restaurants allow customers to take home their uneaten food.

Ken: Some people confuse the "use-by date" label (　④　) the "best-before date" label, but they are completely different. We should not eat food after its use-by date to avoid getting sick. However, we can still eat food after its best-before date, even if it isn't completely fresh.

(1) 下線部①・③を日本語にしなさい。

□① ______________________________

□③ ______________________________

□(2) 下線部②の理由を日本語で書きなさい。

____

□(3) 本文の流れに合うように，④の（　）に適する1語を書きなさい。

____

(4) 次の質問に英語で答えなさい。

□(a) What do more and more restaurants allow customers to do?

They ______________________________.

□(b) Why should we not eat food after its use-by date?

____

LESSON 4

定期テスト対策問題の解答・解説

❶ (1) throw out　(2) contrast　(3) To, honest　(4) provided, with
(5) embarrassed at

解説 (1)「～を捨てる」は throw out。
(2)「対照的に」は by contrast。
(3)「正直なところ」は to be honest。
(4)「～に…を提供する」は provide ～ with ...。
(5)「～を恥ずかしく思う」は be embarrassed at。

❷ (1) having won
(2) not to have

解説 (1)「彼はコンテストで優勝したことを誇りにしている」という内容を上の文では that 節を使って表しているが，下の文では空所の前に前置詞 of があるので，同じ内容を動名詞を使って表す。「優勝した」のは He is proud の is よりも前の出来事なので，完了形の動名詞〈having＋過去分詞〉を使う。
(2)「彼女はそのニュースを聞かなかったようだ」という内容を，上の文では It seems that ... の文で表している。この文の that 節の主語が下の文の主語となっているので，〈主語＋seem(s) to *do*〉の文で表す。didn't hear は seems よりも前の事柄なので，完了形の不定詞を使う。さらに，didn't と否定語が使われているので，完了形の不定詞の否定形〈not to have＋過去分詞〉を使う。

❸ (1) The police took a step to solve the crime.
(2) We should help those who are in need.

解説 (1)「～するための一歩を踏み出す」は take a step to *do* で表す。
(2)「…する人々」は those who ... で表す。

❹ (1) 2060 年には，日本人の 4 人に 1 人が 75 歳を越えているだろうと言われている。
(2) それは私が彼女に嘘をついたからだ。
(3) この学校の生徒(たち)は 8 時 30 分までに登校することになっている。

解説 (1) it is said that ... は「…と言われている」の意味を表す。one out of four は「4 人のうち 1 人」を表す。
(2) That is because ... は「それは…だからだ」の意味を表す。That はすぐ前の文の内容を指す。
(3) be to *do* はここでは「～することになっている」〈義務〉の意味を表す。

❺ (1) He insisted on having returned that book to me.
(2) It seems to have rained during the night.

解説 (1) 「～を言い張る」は insist on で表す。前置詞 on のあとに完了形の動名詞〈having＋過去分詞〉を続ける。「～を返す」は return。
(2) 天候を表す it を主語にする。It seems のあとに完了形の不定詞〈to have＋過去分詞〉を続ける。

❻ (1)① 言うまでもなく，私たちは本当に必要なものだけを購入すべきです。
③ 最近まで，日本のほとんどのレストランはドギーバッグを用意[提供]していないようでした。
(2) （サキの家族は）冷蔵庫にどれぐらい食材があるか確認するためのアプリを使っているから。
(3) with
(4)(a) (They) allow them[customers] to take home their uneaten food(.)
(b) (We should not eat it) To avoid getting sick.

解説 (1)① Needless to say は「言うまでもなく」。what は関係代名詞で，the thing(s) which の意味を表す。
③ until recently は「最近まで」。few は「ほとんど…ない」の意味を表す。to have offered は完了形の不定詞。
(2) 下線部のすぐ前に so「だから」があることに注意。so より前の部分（＝この文の前半部分）で下線部の理由が述べられている。
(3) confuse ～ with ... で「～を…と混同する」。
(4)(a) 「ますます多くのレストランが客に何をすることを認めていますか」 ユイの発言の最後の文参照。
(b) 「なぜ私たちは消費期限を過ぎた食品を食べるべきではないのですか」 ケンの発言の２つ目の文参照。

LESSON 5 Animals as Indispensable Partners

Preview

Introduction

動物と人間のかかわり合いがテーマ。人間はいつから動物を飼っていたのか，動物が人間に与える影響はどんなものなのか，動物はどんな分野で社会に恩恵をもたらしてくれているのかなどを知り，人間と動物の関係について考えよう。

●Part 別に Summary を完成させよう ……………>

Part 1 動物たちは，人間にとってどんなパートナーだったのだろう。

人間は（　(1)　）からずっと（　(2)　）や猫などの動物を飼ってきた。動物は人間の生活の中でなくてはならないパートナーとして，多くの（　(3)　）を与えてくれている。今日では，人々は犬や猫だけでなくさまざまな種類の動物とともに生活している。（　(4)　）と暮らすことは（　(5)　）を減らしたり，心臓発作が起こる危険性を低下させたりするということがいくつかの研究からわかっている。

Part 2 ESA とは何だろう。

動物は，特に（　(6)　）や（　(7)　）に障がいを持つ人々を支えることにおいてさまざまな役割を果たすことができる。（　(8)　）動物はそういった動物の一例だ。そのほかに，（　(9)　）支援動物（ESA）と呼ばれる動物がいて，精神の不調を抱える人たちを慰めてくれる。一部の ESA は，介助動物同様，公共交通機関を利用する飼い主に付き従うことができる。ESA のおかげで，（　(10)　）の障がいを抱える人々は自分の世界を広げることができる。

Part 3 医療分野において動物はどのような恩恵をもたらしてくれるのだろう。

動物（　(11)　）療法によって人間の生活の（　(12)　）が大いに改善されている国もある。（　(13)　）福祉施設では，動物と触れ合うことで元気になる入居者が多い。また，病院やその他の組織でも動物介在療法が採用されている。（　(14)　）病院では，動物が治療中の子どもたちを励まし，彼らの支えとなる。動物を介して（　(15)　）障がいや神経障がいのある子どもたちの感覚技能や運動技能，そしてコミュニケーション能力を向上させるプログラムもある。幅広い医療分野において，動物は重要な役割を果たしている。

Part 4 社会のために動物は他に何ができるのだろう。

動物は医療以外の面でも潜在能力を発揮する。更正施設で若い（　(16)　）たちが受ける（　(17)　）の訓練プログラムがある。少年は最初は犬の振る舞いにいらいらするが，徐々に絆を深める。この訓練プログラムは，（　(18)　）で始まり，とても効果があった。このプログラムを終了した受刑者の大部分が再び罪を犯さず，よりよい人生を見い出している。動物は（　(19)　）で多くの重要な役割を果たしている。動物は，なくてはならない（　(20)　）であり，私たちを守り，癒し，よりよい方向へと導いてくれる。

Overview

● 各 Part について，適切なタイトルを選んでみよう ………….>

1. a. Benefits That Animals Bring to Humans
   b. Animals Preventing Us from Diseases
   c. History of Cats and Dogs as Pets
2. a. Stress or Anxiety Relieved by Animals
   b. Animals Supporting People with Difficulties
   c. An Inclusive Society for Everyone
3. a. Animal-Assisted Therapy in Medical Fields
   b. Nursing Homes and Animal-Assisted Therapy
   c. Examples of Special Programs for Children
4. a. People Who Have Taken the Wrong Path
   b. Relationships Between Offenders and Dogs
   c. How Animals Benefit Society

Hint 1. Part 1 では「人間が動物から受けている恩恵」について述べられている。
a. benefit「恩恵」 b. prevent ～ from ...「～を…から防ぐ」 c. history「歴史」
2. Part 2 では「介助動物や ESA と呼ばれる動物の働き」について述べられている。
a. anxiety「不安，心配」 relieve「～を和らげる」 b. support「～を支える」 difficulty「障がい」 c. inclusive「包括的な」
3. Part 3 では「医療分野における動物の働き」について述べられている。
a. animal-assisted therapy「動物介在療法」 b. nursing home「高齢者福祉施設」
4. Part 4 では「医療以外に社会のために動物ができること」が述べられている。
a. take the wrong path「道を誤る」 b. offender「犯罪者」 c. benefit「～のためになる」

● Summary 完成問題の答え ………….> (1) 古代 (2) 犬 (3) 恩恵 (4) ペット (5) ストレス (6) 身体 (7) 精神 (8) 介助 (9) 感情 (10) 精神 (11) 介在 (12) 質 (13) 高齢者 (14) 子ども (15) 発達 (16) 犯罪者 (17) 犬 (18) アメリカ (19) 社会 (20) パートナー

LESSON 5

Part 1 What kind of partners have animals been to humans?

教科書 p.74~75

本文を読もう 意味のまとまりを意識しながら読もう。

❶ [1] Since ancient times, / humans have kept animals such as cats and dogs. //
～以来 古代 動物を飼う ～のような
[2] People obtained a number of benefits from these animals. // [3] Cats were useful
NW ～を得る 多くの～ 恩恵
for catching rats, / and this protected humans' food and prevented infectious
NW 伝染性の ～を守る ～が…するのを防ぐ
diseases from spreading. // [4] Dogs not only guarded humans and their property /
病気 ～だけでなく…も NW ～を守る NW 財産
but also helped them hunt. // [5] In these ways, / animals have been indispensable
彼らが狩りをするのを助ける このようにして NW なくてはならない
partners to humans. //
NW パートナー

❷ [6] Today, / people live with various animals: / not just cats and dogs, / but fish,
～だけでなく…も
birds, and reptiles. // [7] For some people, / they are like a best friend / or a member
爬虫類
of the family. //

❸ [8] According to one study, / living with pets can also reduce stress. // [9] While we
～によれば 研究 S V O ～している間
are holding and stroking animals, / our brain releases oxytocin / — also known as
～を抱く NW ～を撫でる 脳 ～を放出する オキシトシン ～として知られる
the "happy" hormone. // [10] It can calm us down / and lower our blood pressure. //
ホルモン KP ～を落ち着かせる NW ～を低下させる 血圧 NW 圧力
[11] Another study shows [that pet owners have a lower risk of heart attacks]. //
S V O 飼い主 NW 危険性 心臓発作

読解のポイント

- ▶ 人間はいつから犬や猫といった動物を飼ってきたのだろうか。
- ▶ 一部の人たちにとって，動物はどんな存在なのだろうか。
- ▶ ペットと暮らすことは人間にどんな影響を与えるのだろうか。

1 Since ancient times, humans have kept animals such as cats and dogs.

・Since ancient times は現在完了の文における期間を表す語句が文頭に出たもの。

・have kept animals は継続を表す現在完了。

訳を完成させなさい。

(　　　　　), (　　　　　　　　　　　　　　　　　)。

3 Cats were useful for catching rats, and this protected humans' food and prevented infectious diseases from spreading.

this (S) protected (V_1) humans' food (O_1) prevented (V_2) infectious diseases (O_2)

・this は同じ文の前半部分の内容を指す。this は文の後半部分の主語で，動詞は and で結ばれた protected と prevented の 2 つである。〈prevent + O + from *do*ing〉は「O が〜するのを防ぐ」。

訳を完成させなさい。

猫は（　　　　　）のに役立ち，このことは（　　　　　　　　　　）。

4 Dogs not only guarded humans and their property but also helped them hunt.

・not only 〜 but also ...「〜だけでなく…も」の文。この文では，「〜」と「…」には動詞の過去形がきているので,「〜しただけでなく…もした」という意味になる。helped them hunt の部分は〈help + O + *do*〉「O が〜するのを助ける」の形。

5 In these ways, animals have been indispensable partners to humans.

・In these ways は in this way「このようにして」の this way が複数形になったもので，いくつかの内容を指していることがわかる。具体的には，この文の前の 3 と 4 の 2 文の内容を指している。

6 Today, people live with various animals: not just cats and dogs, but fish, birds, and reptiles.

・「:」（コロン）のあとは，various animals の具体例が挙げられている。not just 〜 but ... は「〜だけでなく…も」の意味を表す。

9 While we are holding and stroking animals, our brain releases oxytocin — also known as the "happy" hormone.

・While ... は「…の間」。animals までが時を表す副詞節。

・「—」（ダッシュ）のあとは，すぐ前の名詞 oxytocin を言い換えて説明している。

訳を完成させなさい。

（　　　　　　　　）間，私たちの脳は，（　　　　　　　　　　　）オキシトシンを放出する。

確認問題の答え

1 古代以来 / 人間は猫や犬のような動物を(ずっと)飼ってきた　3 ネズミを捕まえる / 人間の食べ物を守り，伝染病が広がるのを防いだ　9 動物を抱いたり，撫でたりしている /「幸せ」ホルモンとしても知られる

LESSON 5

Part 2 What are ESAs?

教科書 p.76〜77

本文を読もう 意味のまとまりを意識しながら読もう。

❹ [1] Animals can play various roles in supporting people, / especially those with physical or mental difficulties. // [2] Some are service animals, / which are trained to assist physically challenged people. // [3] Others, / called emotional support animals (ESAs), / comfort people (with mental health disorders). // [4] Overwhelmed by stress or anxiety, / these people may suddenly experience panic attacks. // [5] However, / living with an ESA can relieve such stress, / and can also be an alternative to medical care. //

（➡解説: 1, 2, 3, 4, 5）
play various roles さまざまな役割を果たす／supporting 〜を支える／those with KP 〜を持つ人々／physical 身体的な／mental 精神的な／difficulties 障がい／service NW 介助／assist NW 〜を助ける／physically challenged 身体的な障がいのある／emotional NW 感情の／comfort NW 〜を慰める／disorders NW 不調／Overwhelmed NW 〜を押しつぶす KL 押しつぶされそうになって／anxiety NW 不安／suddenly 突然／experience 〜を経験する／panic attacks パニック発作／relieve NW 〜を軽減する／alternative NW 代わり／alternative to 〜に代わるもの／medical care 医療

❺ [6] In some countries, / even an animal such as a parrot or a hamster can be an ESA / if the owner gets a document (issued by a medical professional). // [7] Some ESAs, / just like service animals, / can ride with their owners on trains, buses, or planes. // [8] This (S) means (V) [that the owners can travel freely / and feel safer in public places] (O). // [9] Thus, / the companionship (S) of ESAs gives (V) people (O₁) (with mental challenges) more opportunities (O₂) (to expand their world). // [10] In this way, / ESAs (S) make (V) society (O) more inclusive (C). //

（➡解説: 8）
even 〜さえ／such as 〜のような／parrot オウム／hamster ハムスター／document NW 書類／medical professional 医療専門家／just like 〜と同様に／ride ... on 〜（乗り物）に乗る／public places 公共の場所／Thus このように／companionship NW 一緒にいること／challenges 障がい／expand 〜を広げる／In this way このようにして／inclusive 包括的な

読解のポイント

- ▶ 介助動物とはどのような動物のことだろうか。
- ▶ ESA とは何だろうか。
- ▶ ESA はどんな役割を果たしているのだろうか。

1 Animals can play various roles in supporting people, especially those with physical or mental difficulties.

・in *do*ing は「〜することにおいて」で，in supporting people では「人々を支えることにおいて」。この部分の people の補足的な説明が especially 以下に続いている。

・those with は「〜を持つ人々」の意味だが，with 以下が those を後ろから修飾している。those はここでは「人々」の意味を表す。**KP**

訳を完成させなさい。

動物は人々，特に（　　　　　　　　　）において，（　　　　　　　　　）。

2 Some are service animals, which are trained to assist physically challenged people.

・文頭の Some はすぐ前の文で出てきた animals を受けたもので，Some (of those animals) のこと。また，この Some は次の文の文頭にある Others と相関的に使われている。

・which は継続用法の関係代名詞で，service animals に補足説明を加えている。be trained to *do* は「〜するよう訓練される」。

3 Others (S), called emotional support animals (ESAs), comfort (V) people with mental health disorders (O).

・「,」（コンマ）ではさまれた called ... (ESAs) は過去分詞で始まる句で，Others に補足的な説明を付け加えるものである。

・Others が文の主語で comfort(V)，people ...(O) の文。with 以下は people を修飾。

確認問題

訳を完成させなさい。

ほかに，（　　　　　　　）と呼ばれ，（　　　　　　　　　）動物がいる。

4 Overwhelmed by stress or anxiety, these people may suddenly experience panic attacks.

・Overwhelmed by stress or anxiety, は過去分詞で始まる分詞構文。**KL**

訳を完成させなさい。

（　　　　　　），これらの人々は，（　　　　　　　　　　　　　）。

5 However, living with an ESA (S) can relieve (V_1) such stress (O), and can also be (V_2) an alternative to medical care (C).

・living with an ESA「ESA と暮らすこと」が文の主語。動詞は can relieve と can (also) be の２つがある。such stress「そのようなストレス」とは，すぐ前の文で出てきた stress or anxiety のこと。alternative to は「〜に代わるもの」。

8 This means that the owners can travel freely and feel safer in public places.

・This はすぐ前の文で述べられた内容を指す。that 以下が means の目的語。

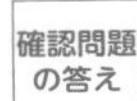

1　身体や精神に障がいを持つ人々を支えること / さまざまな役割を果たしうる　3　感情支援動物（ESA）/ 精神的な不調を抱える人たちを慰める　4　ストレスや不安に押しつぶされそうになって / 突然パニック発作を起こすかもしれない

Part 3 What benefits do animals give in medical fields?

教科書 p.78〜79

本文を読もう 意味のまとまりを意識しながら読もう。

❻ [1] In some countries, / animal-assisted therapy has greatly improved the quality of human life. // [2] In nursing homes, / daily life does not change so much. // [3] So, / some residents feel down / or bored from a lack of enough stimulus. // [4] However, / [when they hold or stroke animals], / the residents often cheer up and smile. // [5] This interaction can add comfort and joy to their lives. // [6] Many of these people look forward to the next visit of their furry friends. //

(NW 療法 / 動物介在療法 / 〜を改善する / 質 / 高齢者福祉施設 / ➲解説 / 入居者 / 気分が沈む / 〜に退屈して / 不足 / NW 刺激 / 〜を抱く / 〜を撫でる / KP 元気になる / 交流 / 癒し / …に〜を加える / NW 喜び / 生活 / ➲解説 / 〜の多く / KP 〜を楽しみにする / NW 毛で覆われた)

❼ [7] Hospitals and other organizations also use animal-assisted therapy. // [8] For example, / in children's hospitals, / animals support young patients, / encouraging them during treatment. // [9] Some organizations offer special programs / such as horse riding or swimming with dolphins. // [10] These activities are aimed at children with developmental difficulties / or neurological disorders. // [11] Interacting with animals can improve children's sensory, motor, and communication skills. //

(組織 / ➲解説 / 患者 / KL 〜を励ましながら / NW 治療 / 〜のような / イルカ / ➲解説 / KP 〜を対象とする / NW 発達の / 障がい / NW 神経の / 障がい / ➲解説 / 〜との交流 / NW 感覚の / NW 運動の / 技術，技能)

❽ [12] Within a wide range of medical fields, / animals can play an important role. // [13] Even though animals cannot directly cure diseases, / they can certainly enhance humans' well-being. //

(NW 〜の範囲において / 幅広い / 医療分野 / 重要な役割を果たす / ➲解説 / KP 〜であるが / NW 〜を治す / 確実に / 〜を高める / NW 幸福感)

読解のポイント

- ▶ 動物介在療法とはどのようなものだろうか。
- ▶ 動物介在療法はどんなところで取り入れられているのだろうか。
- ▶ 医療分野における動物の役割は何だろうか。

3 So, some residents feel down or bored from a lack of enough stimulus.

・文頭の So はすぐ前の文の内容を受けて，「それで」ということ。すぐ前の文が，この文で述べる内容の理由となっている。

6 Many of these people look forward to the next visit of their furry friends.

・these people「これらの人々」とは，この文より前の部分で述べられた，高齢者福祉施設で暮らす人々のこと。look forward to は「～を楽しみにする」。KP

・their furry friends の their は these people's ということ。furry friends「毛で覆われた友達」とは，動物のことを擬人化した表現。

8 For example, in children's hospitals, animals support young patients, encouraging them during treatment.

・encouraging 以下は「～しながら」という意味で付帯状況を表す分詞構文。KL

確認問題 訳を完成させなさい。 例えば，子ども病院では，動物が幼い患者たちの支えとなり，（　　　　　　　　　　）。

10 These activities are aimed at children with developmental difficulties or neurological disorders.

・These activities はすぐ前の文の horse riding or swimming with dolphins を指す。

・be aimed at は「～を対象とする」。KP

訳を完成させなさい。ただし，These の内容を示すこと。

（　　　　）活動は，（　　　　　　　　　　　　　）。

11 Interacting with animals (S) can improve (V) children's sensory, motor, and communication skills (O).

・Interacting with animals という動名詞で始まる語句が文の主語。children's sensory 以下が目的語。

13 Even though animals cannot directly cure diseases, they can certainly enhance humans' well-being.

・Even though ... は「…であるが」の意味で，譲歩を表す副詞節を導く。KP

訳を完成させなさい。

（　　　　　　　　　　），確実に人の（　　　　　　）。

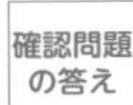

確認問題の答え　8 治療の間彼らを励ます　10 乗馬やイルカと泳ぐ(といった) / 発達障がいや神経障がいを持った子どもたちを対象としている　13 動物は直接的に病気を治すことはできないが / 幸福感を高めることができる

Part 4 What else can animals do for society?

本文を読もう　意味のまとまりを意識しながら読もう。

❾ [1] Animals show their potential in non-medical ways as well. // [2] They also benefit society / by rehabilitating people [who have taken the wrong path in life]. //

（潜在能力 / 非医学的な / 方法 / ～でも / NW 道 / ～のためになる / NW ～を更生させる / KP 道を誤る / ⮕解説）

❿ [3] In Japan, / there is an interesting program at a correctional facility. // [4] Young offenders take part in a dog-training program. // [5] At first, / a juvenile may feel frustrated / because of a dog's bad behavior. // [6] However, / working together, / the offender and the dog gradually begin to bond. // [7] This program can help young offenders change for the better. //

（NW 施設 / 更正施設 / NW 犯罪者 / ～に参加する / ⮕解説 / 最初(は) / NW 青少年 / NW ～をいらいらさせる / ～のために / KL 協力し合うにつれて / 次第に / NW 絆が深まる / ⮕解説 / KP よい方向へ）

⓫ [8] The dog-training program, / [which originally started in the US,] / was very effective. // [9] Generally, / about half of all offenders commit crimes again / after their release from US correctional facilities. // [10] However, / offenders (finishing this program) had much better results. // [11] Remarkably, / most of them found a better life without committing crimes again. //

（⮕解説 / もともと(は) / 効果的な / 一般的に / ～の半分 / NW ～を犯す / NW 犯罪 / 釈放 / ずっとよい / ⮕解説 / NW 驚くべきことに / ～のほとんど / ～することなしに）

⓬ [12] Animals play many important roles in society. // [13] They are our indispensable partners, / protecting us, comforting us, and leading us to be better. //

（多くの重要な役割を果たす / ⮕解説 / ～を守る / ～を癒やす / ～を導く）

読解のポイント

▶ 医療以外の分野で動物が潜在能力を発揮するのはどんなところだろうか。

▶ 更正施設における興味深いプログラムとはどんなものだろうか。

▶ そのプログラムはどんな効果があるのだろうか。

2 They also benefit society by rehabilitating people who have taken the wrong path in life.

・They はすぐ前の文の主語 Animals を指す。by *do*ing で「〜することによって」。

・who は関係代名詞で，who 以下が people を修飾。take the wrong path は「道を誤る」の意味で，ここでは罪を犯すことを指している。**KP**

確認問題 訳を完成させなさい。ただし，They の内容を示すこと。

（　　　　　　　　　　　　）によっても，（　　　　　　　　　）。

5 At first, a juvenile may feel frustrated because of a dog's bad behavior.

・feel frustrated は〈feel ＋過去分詞〉の形で，「〜されたと感じる」の意味。「いらいらする」と能動的に訳すほうが自然な日本語になる。may は「〜かもしれない」，because of は「〜のために，〜のせいで」。

確認問題 訳を完成させなさい。

最初は，青少年は犬のよくない振る舞いのせいで（　　　　　　　　　）。

7 This program can help young offenders change for the better.

・This program は，4 の文で出てきた a dog-training program のこと。

・help young offenders change の部分は〈help＋O＋原形不定詞〉「O が〜するのを助ける」の形。for the better は「よい方向へ」の意味。**KP**

訳を完成させなさい。

このプログラムは，（　　　　　　　　　　　　　）。

8 The dog-training program, which originally started in the US, was very effective.

S　V　C

・〈S＋V＋C〉の文。which は継続用法の関係代名詞で，in the US までが which の節。先行詞である dog-training program に補足的な説明を加えている。

11 Remarkably, most of them found a better life without committing crimes again.

・them は，すぐ前の文の offenders (finishing this program) を指す。

・without *do*ing で「〜することなしに，〜せずに」。

訳を完成させなさい。

驚くべきことに，彼らのほとんどが（　　　　　　　　　　　　）。

13 They are our indispensable partners, protecting us, comforting us, and leading us to be better.

・They はすぐ前の文の主語 Animals を指す。protecting 以下は 3 つの現在分詞で始まる句が並んでいて，すべて partners の役割を表している。

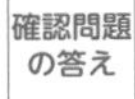

確認問題の答え

2 動物は，人生において道を誤った人たちを更生させること / 社会のためになっている
5 いらいらするかもしれない　7 若い犯罪者たちがよい方向へと変わるのを助けることができる　11 再び罪を犯さず，よりよい人生を見い出した

LESSON 5

文法のまとめ

英語の構文Ⅱ（準動詞②）〔→教科書 p.186〕

① 主語の「状態」を説明したいとき

feel, look, remain などの動詞は，あとに *doing*（現在分詞）や *done*（過去分詞）を続けて，主語の状態を説明することができる。

feel[look, remain, etc.] *doing*[*done*]「〜と感じる[〜に見える，〜のままである , etc.]」

・At first, a juvenile may feel frustrated because of a dog's bad behavior.〔p.80, 5〕
（最初は，青少年は犬が言うことを聞かないのでいらいらするかもしれない。）

② 目的語の「状態」を説明したいとき

〈keep[leave, find など]＋O＋*doing*[*done*]〉の形で，O（目的語）の状態を説明することができる。

keep[leave, find, etc.]＋O＋*doing*[*done*]「O を〜にしておく［O が〜だとわかる , etc.]」

・I kept my fingers crossed while I was waiting for the test results.
（私はテストの結果を待っている間，（中指と人差指を十字に交差させて）うまくいくよう祈っていた。）

③「…しながら〜」「…するとき〜」「…するので〜」と言いたいとき

主節（S＋V）のあと，または前に現在分詞（*doing*）を使った表現を置いて，「…しながら〜」（付帯状況），「…するとき〜」（時），「…するので〜」（理由）の意味を表すことができる。これを分詞構文という。

a. S + V 〜 (,) *doing* ... / *Doing* ..., S + V 〜「…しながら［するとき, するので］〜」

・For example, in children's hospitals, animals support young patients, encouraging them during treatment.〔p.78, 8〕（例えば，子ども病院では，動物たちが幼い患者たちの支えとなり，治療の間子どもたちを励ます。）

・Animals are our indispensable partners, protecting us, comforting us, and leading us to be better.〔p.80, 13〕（動物たちは私たちのなくてはならないパートナーで，私たちを守り，癒やし，良い方向へと導いてくれる。）

・However, working together, the offender and the dog gradually begin to bond.〔p.80, 6〕
（しかしながら，協力し合うにつれて，犯罪者と犬は徐々に絆を深め始める。）

演習問題

❶ （ ）内の語を適する形に変えなさい。

(1) She looked (surprise) to hear the news. （ ）
(2) They remained (stand) during the concert. （ ）
(3) I felt the ground (shake). （ ）
(4) Don't leave the water (run). （ ）
(5) This train will leave at nine, (arrive) in Nagoya before eleven. （ ）

❷ 英文を日本語にしなさい。

(1) He felt irritated while waiting for his turn.
（ ）
(2) She kept her eyes closed while listening to music.
（ ）
(3) Having a bad cold, he stayed in bed.
（ ）
(4) Knowing her well, I could understand her feelings.
（ ）

❸ 日本語に合うように，（ ）内の語句を並べかえて英文を完成させなさい。

(1) 彼らは電話で話し続けた。They (talking / the phone / kept / on).

______

(2) 地震が止んだとき，彼らはほっとした。
(the earthquake / relieved / they / when / felt) stopped.

______

(3) 目が覚めると，私は床の上に横になっていた。
I woke up to (the floor / lying / find / myself / on).

______

(4) 彼はいすに座って，テレビを見た。
He (the chair / watching / sat / TV / in / ,).

______

演習問題の答え ❶ (1) surprised (2) standing (3) shaking (4) running (5) arriving ▶ S + V ～, *doing* ... の文にする。 ❷ (1) 彼は自分の順番を待っている間いらいらした。 (2) 彼女は音楽を聞いている間，目を閉じたままだった。 (3) ひどい風邪をひいたので，彼は寝ていた。 (4) 彼女をよく知っているので，私は彼女の気持ちが理解できた。▶ (3)(4) *doing* ... が理由を表す。
❸ (1) (They) kept talking on the phone(.) (2) They felt relieved when the earthquake (stopped.)
(3) (I woke up to) find myself lying on the floor(.) ▶〈find + O + *doing*〉「O が～しているとわかる」
(4) (He) sat in the chair, watching TV(.)

主節(S＋V)のあと，または前に過去分詞(*done*)を使った表現を置いて，「…されて～」「…されているので～」などの意味を表すことができる。これは過去分詞で始まる分詞構文である。

b. S＋V～(,) (being) *done* ... / (Being) *Done* ..., S＋V～「…されて[されているので]～」 ※ being はふつう省略される

・Overwhelmed by stress or anxiety, these people may suddenly experience panic attacks.〔p.76, **4**〕
(こういった人たちはストレスや不安に押しつぶされそうになって，突然パニック発作を起こすことがある。)

分詞構文に否定の意味を加えるときは，*do*ing の前に not を置く。

c. S＋V～(,) not *doing* ... / Not *doing* ..., S＋V～「…しないので～」否定の内容を表す

・Not feeling well, I stayed home with my dog all day long.
(気分がすぐれなかったので，私は一日中，犬と一緒に家にいた。)

分詞構文が，主節の動詞の時制よりも前の時を表すときは，〈having *done*〉(完了形の分詞構文)を使う。

d. Having *done* ..., S＋V～「…したあとに[したので]～」 主節の時より前の時を表す

・Having worked together, the offender and the dog were able to bond.
(協力し合ったので，犯罪者と犬は絆を深めることができた。)

④ 「O を～して／しながら」と言いたいとき

〈with＋O＋*doing* / *done*〉の形で「O を～して[しながら] / O が～された状態で」(付帯状況)の意味を表すことができる。

with＋O＋*doing* / *done*「O が～している状態で／～された状態で」

・Mr. Mills stood next to Lily with his arms crossed.〔p.86, **Q1**〕
(ミルズさんは腕組みをしてリリーの隣に立っていた。)

演習問題

❶ （ ）内の語を適する形に変えなさい。

(1) (See) from here, that rock looks like a lion. (　　　　)
(2) (Shock) by the accident, she could not say a word. (　　　　)
(3) Having (play) together, those children became friends. (　　　　)
(4) He was sitting on the bench with his legs (cross). (　　　　)
(5) She was standing there with her hair (wave) in the wind. (　　　　)

❷ 英文を日本語にしなさい。

(1) Tapped on the shoulder from behind, I turned around.
(　　　　　　　　　　　　　　　　)
(2) Not knowing what to say, he kept silent.
(　　　　　　　　　　　　　　　　)
(3) Having studied hard, he was able to pass the examination.
(　　　　　　　　　　　　　　　　)
(4) He was thinking about something with his arms crossed.
(　　　　　　　　　　　　　　　　)

❸ 日本語に合うように，（ ）内の語句を並べかえて英文を完成させなさい。

(1) 気分がよくなかったので，彼女は寝ていた。
(she / feeling / not / well / stayed / ,) in bed.

____

(2) 宿題をして，彼は出かけた。
(his homework / went / done / he / having / ,) out.

____

(3) 彼は犬を自分のまわりで遊ばせながら，ビーチに座っていた。
He (sitting / the beach / his dog / was / playing / with / on) around him.

____

演習問題の答え ❶ (1) Seen (2) Shocked (3) played (4) crossed (5) waving
❷ (1) 後ろから肩をたたかれたので，私は振り向いた。 (2) 何を言っていいかわからなかったので，彼は黙っていた。▶ not *do*ing は否定の意味を表す。 (3) 一生懸命に勉強したので，彼は試験に合格できた。▶ Having *done* ... は主節の時より前の時を表す。 (4) 彼は腕組みをして何か考えていた。
❸ (1) Not feeling well, she stayed (in bed.) ▶〈Not *do*ing ..., S＋V～〉の文にする。 (2) Having done his homework, he went (out.) ▶〈Having *done* ..., S＋V～〉の文にする。 (3) (He) was sitting on the beach with his dog playing (around him.) ▶〈with＋O＋*do*ing〉「O が～している状態で」

LESSON 5

Key Phrases のまとめ

(ページ)

74	□ **calm ~ down** His words *calmed* me *down*.（彼の言葉は私を落ち着かせた）	～を落ち着かせる
76	□ **those with** These chairs are for *those with* physical difficulties. （これらの椅子は身体に障がいを持つ人々のためのものだ）	～を持つ人々
78	□ **cheer up** She saw her friends and *cheered up*.（彼女は友達に会って元気になった）	元気になる
78	□ **look forward to** I am *looking forward to* your next visit. （私はあなたの次の訪問を楽しみにしている）	～を楽しみにする
78	□ **be aimed at** This application *is aimed at* preschool children. （このアプリケーションは就学前の子どもを対象としている）	～を対象とする
78	□ **even though ...** *Even though* animals can't speak, they seem to understand our feelings. （動物は話せないが，私たちの気持ちを理解しているように思える）	…であるが
80	□ **take the wrong path** Don't *take the wrong path*.（道を誤るな）	道を誤る
80	□ **for the better** He has changed *for the better*.（彼はよい方向へ変わってきた）	よい方向へ

その他の重要表現

74	□ **a number of** *A number of* students took that exam.（多数の生徒がその試験を受けた） ▶あとには数えられる名詞の複数形が続く。	多数の
78	□ **feel down** She listens to music when she *feels down*.（彼女は気分が沈むとき音楽を聞く）	気分が沈む
78	□ **play a ~ role** He *played an* important *role* in the game.（彼は試合で重要な役割を果たした）	～な役割を果たす
80	□ **as well** In addition to English, he speaks Chinese *as well*. （英語に加えて，彼は中国語も話す）	～も（同様に）

演習問題

❶ 日本語に合うように，空所に適語を書きなさい。

(1) 彼女は誕生日パーティーを楽しみにしている。
She is ( ) ( ) ( ) her birthday party.

(2) 先生は彼をよい方向へ変えようとした。
The teacher tried to change him ( ) the ( ).

(3) 雨が降っていたが，彼らは外出した。
( ) ( ) it was raining, they went out.

(4) インターネットは私たちの生活の中で重要な役割を果たしている。
The Internet ( ) an important ( ) in our lives.

(5) 気分が沈むとき，私の犬は大いに私を助けてくれる。
When I ( ) ( ), my dog helps me a lot.

(6) 私たちは野菜を買ったが，果物も買わなければならない。
We bought some vegetables, but we have to buy some fruit ( ) ( ).

❷ 英文を日本語にしなさい。

(1) That music calmed them down.
( )

(2) This medicine is for those with allergies.
( )

(3) After talking with them, she cheered up.
( )

(4) This guidebook is aimed at foreign tourists.
( )

(5) We get a number of benefits from animals.
( )

(6) He took the wrong path when he was young.
( )

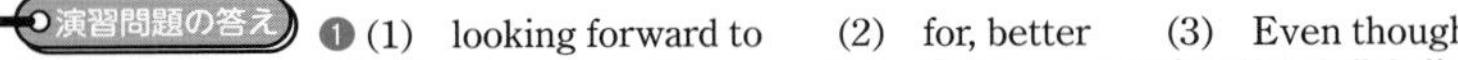

演習問題の答え ❶ (1) looking forward to (2) for, better (3) Even though (4) plays, role (5) feel down (6) as well ❷ (1) その音楽は彼らを落ち着かせた。 (2) この薬はアレルギーを持つ人々のためのものだ。 (3) 彼らと話したあと，彼女は元気になった。 (4) このガイドブックは外国人旅行者を対象としている。 (5) 私たちは動物から多くの恩恵を得る。 (6) 彼は若いとき道を誤った。

定期テスト対策問題

❶ 日本文に合う英文になるように，空所に適する語を書きなさい。

□(1) みんなが，「元気を出して」と言いながら彼を応援した。
Everyone supported him saying, "________ ________!"

□(2) 雨降りではあったが，多くの人がそのイベントにやってきた。
________ ________ it was rainy, many people came to that event.

□(3) 彼は天気がよい方向へ変わることを望んだ。
He hoped the weather would change ________ the ________.

□(4) ホルモンは私たちの体内で多くの重要な役割を果たしている。
Hormones ________ many important ________ in our body.

□(5) 彼女は英語を話し，中国語も話す。
She speaks English, and Chinese ________ ________.

❷ 各組の英文がほぼ同じ内容を表すように，空所に適する語を書きなさい。

□(1) If it is seen from here, that rock looks like an elephant.
________ from here, that rock looks like an elephant.

□(2) This train will leave soon, and it will arrive at Tokyo at ten.
This train will leave soon, ________ at Tokyo at ten.

❸ 日本文に合う英文になるように，(　) 内の語句を並べかえなさい。

□(1) これらの運動は成長期の子どもを対象としている。
(growing children / are / at / aimed / these exercises).

____

□(2) 人生において道を誤る人もいる。
Some (wrong / people / life / in / the / path / take).
Some ____________________________.

❹ 英文を日本文にしなさい。

□(1) This medicine is for those with heart disease.

____

□(2) Having a bad cold, I will stay home.

____

□(3) Invited to the party, she was very happy.

____

❺ **日本文を英文にしなさい。**

□(1) 私はあなたの次の訪問を楽しみにしています。

____

□(2) 人々と交流することはあなたのコミュニケーション能力を向上させるでしょう。

____

読 解

❻ **次の英文を読んで，あとの問いに答えなさい。**

Since ancient times, humans have kept animals such as cats and dogs. People obtained ①a number of benefits from these animals. Cats were useful for catching rats, and this protected humans' food and prevented infectious diseases from spreading. Dogs not only guarded humans and their property but also helped them hunt. (②) these ways, animals have been indispensable partners to humans.

Today, people live with various animals: not just cats and dogs, (③) fish, birds, and reptiles. For some people, they are like a best friend or a member of the family.

According (④) one study, living with pets can also reduce stress. While we are holding and stroking animals, our brain releases oxytocin — also known as ⑤the "happy" hormone. It can calm us down and lower our blood pressure. ⑥Another study shows that pet owners have a lower risk of heart attacks.

(1) 下線部①の具体例を，猫と犬の別にそれぞれ日本語で書きなさい。

□猫：______________________________

□犬：______________________________

(2) 本文の流れに合うように，②・③・④の（　）に適する1語をそれぞれ書きなさい。

□② ________ □③ ________ □④ ________

□(3) 下線部⑤の役割を日本語で書きなさい。

____

□(4) 下線部⑥によって何がわかったのか日本語で書きなさい。

____

□(5) 次の質問に英語で答えなさい。

What are animals like for some people?

They ______________________________.

LESSON 5

定期テスト対策問題の解答・解説

❶ (1) Cheer up　(2) Even though　(3) for, better　(4) play, roles
(5) as well

解説 (1)「元気を出して」は cheer up「元気になる」を命令文にして表す。
(2)「…であるが」は even though ...。
(3)「よい方向へ」は for the better。
(4)「多くの重要な役割を果たす」は play many important roles。
(5)「～も」は as well。

❷ (1) Seen　(2) arriving

解説 (1)「もしここから見られたら(＝ここから見たら)，あの岩はゾウのように見える」という文を，過去分詞で始まる分詞構文を使って，〈*Done* ～, S＋V ....〉の形で表す。文頭に Being が省略されている。
(2)「この電車はもうすぐ出発して，10時に東京に着く」という文を，現在分詞で始まる分詞構文を使って，〈S＋V ～, *do*ing ...〉の形で表す。

❸ (1) These exercises are aimed at growing children.
(2) (Some) people take the wrong path in life(.)

解説 (1)「～を対象とする」は be aimed at で表す。
(2)「道を誤る」は take the wrong path で表す。

❹ (1) この薬は心臓疾患[心臓病]を持つ人々向けだ。
(2) ひどい風邪をひいているので，私は家にいるつもりだ。
(3) パーティーに招待されて，彼女はとてもうれしかった。

解説 (1) those with は「～を持つ人々」の意味を表す。
(2) Having a bad cold, は分詞構文。文の内容から，理由を表すとわかる。
(3) Invited to the party, は過去分詞で始まる分詞構文。She was invited to the party, and she was very happy. と書きかえることができる。

❺ (1) I am looking forward to your next visit.

(2) Interacting with people will improve your communication skills.

解説 (1) 「～を楽しみにする」は look forward to。

(2) 「～と交流する」は interact with。interact を動名詞にして文の主語にする。

❻ (1)猫：ネズミを捕るのに役立ち，このことが人々の食料を守り，伝染病が広がるのを防いだ。

犬：人間と彼らの財産を守っただけでなく，彼らが狩りをするのを手伝った。

(2)② In ③ but ④ to

(3) 私たちを落ち着かせ，血圧を低下させる。

(4) ペットを飼っている人は，飼っていない人よりも心臓発作が起こる危険性が低いということ。

(5) (They) are like a best friend or a member of the family(.)

解説 (1) 下線部を含む文のすぐあとに続く2つの文で，猫と犬のことがそれぞれ述べられている。prevent ～ from *do*ing「～が…するのを防ぐ」，not only ～ but also ... は「～だけでなく…も」。

(2)② in these ways は「このようにして」。

③ not just ～, but ... は「～だけでなく，…も」。

④ according to は「～によれば」。

(3) すぐあとに続く文の内容がその役割を述べている。calm ～ down は「～を落ち着かせる」。

(4) Another study shows that ... で「別の研究は…ということを示している」という意味。したがって，下線部の Another study によってわかったこととは，that 節で述べられている内容だとわかる。

(5) 「一部の人々にとっては，動物はどのようなものですか」という質問。本文第2段落の2文目参照。

LESSON
6 An Irish Poet on a Mission

Preview

Introduction

アイルランド出身のピーター・マクミランに関する話。詩人であり，日本の古典文学の翻訳家でもあるマクミランが，どのようなきっかけで来日し，どのようにして日本の古典文学の翻訳家となったのか，また，彼の人生における使命とは何かを読み取ろう。

● Part 別に Summary を完成させよう ………………>

Part 1 来日後，マクミランは何に興味をもつようになったのだろう。

詩人であり日本古典文学の（　(1)　）でもあるピーター・マクミランは，アイルランドの田舎で生まれ，文学好きの（　(2)　）の影響から詩への関心を育んだ。（　(3)　）の博士号を取得し，1980 年代後半に（　(4)　）の講師として来日した。日本の詩に関心をもつようになった彼は，『百人一首』を翻訳することになり，日本の和歌と（　(5)　）の古典文学には類似点があることに気づいた。

Part 2 何がマクミランの人生を永遠に変えたのだろう。

マクミランは『百人一首』の（　(6)　）に数年を費やした。彼の『百人一首』との最初の出会いは，愉快なものではなかった。カルタ遊びのときに，（　(7)　）は難しすぎて日本人でない人が理解することはできないと言われたからだ。しかし翻訳の出版後，多くの日本人が，（　(8)　）で読むことによって昔の和歌の意味がやっと理解できたと言ったことは，彼にとってうれしい驚きだった。マクミランは，『（　(9)　）』に反映されている日本の文化的背景を愛している。日本文化との出会いは，彼の（　(10)　）を永遠に変えることとなった。

Part 3 マクミランは『百人一首』を翻訳する際，どんな難問に直面したのだろう。

マクミランは『百人一首』を翻訳する際，日本語の（　(11)　）的な特徴を英語で表現することをとても難しく思った。例えば，日本語の（　(12)　）合わせは，日本語と同じ 2 つの意味が英語にもあることはほとんどない。しかし，それを翻訳することがどんなに困難でも，彼は 1 つ残らず（　(13)　）を見い出すことができた。もう 1 つの翻訳の問題は（　(14)　）である。和歌では明確な（　(15)　）がないことがある。そんなときは，意図的に主語を用いずに訳すこともあった。

Part 4 マクミランの使命は何だろう。

マクミランは，『百人一首』の翻訳の世界を広げてきた。和歌をよりよく理解できるように，独自の（　(16)　）つきの英語版のカルタを作った。また，日本で英語カルタの競技大会と，故郷のアイルランドで（　(17)　）トーナメントを催した。『百人一首』に加えて，『(　(18)　）物語』のすべてと『(　(19)　）集』から精選したものを翻訳した。2011 年の東日本大震災を通じて，マクミランは自分の使命を見出した。日本文化と日本（　(20)　）を愛することが彼の人生における使命となった。

Overview

● 各 Part について，適切なタイトルを選んでみよう ………….>

1. a. Famous People as a Bridge Between Countries
   b. MacMillan's Life Before Coming to Japan
   c. MacMillan's Interest in Japanese Poetry
2. a. MacMillan's Friendship with Donald Keene
   b. Attractions of the *Hyakunin Isshu*
   c. MacMillan's Bitter Experience with the *Karuta*
3. a. Challenges in Translating the *Hyakunin Isshu*
   b. Features of Japanese *Waka* Poetry
   c. A Unique Japanese View of Nature
4. a. MacMillan's Mission in Life as a Translator
   b. MacMillan and *Karuta* Competitions
   c. The Beauty of Japanese Culture

Hint 1. Part 1 では「マクミランが何に興味をもつようになったか」が述べられている。
a. bridge「架け橋」 b. before *do*ing「～する前」 c. interest in「～への興味」
2. Part 2 では「マクミランの人生を永遠に変えたのは何か」について述べられている。
a. friendship with「～との友情」 b. attraction「魅力」 c. bitter「苦い」
3. Part 3 では「『百人一首』の翻訳における課題」について述べられている。
a. challenge「課題，難問」 b. feature「特徴」 c. view of nature「自然観」
4. Part 4 では「マクミランの人生における使命」について述べられている。
a. mission「使命」translator「翻訳家」 b. competition「競技大会」 c. beauty「美しさ」

● Summary 完成問題の答え ………….> (1) 翻訳家 (2) 母親 (3) 英文学 (4) 大学 (5) アイルランド (6) 翻訳 (7) 日本(の)文化 (8) 英語 (9) 百人一首 (10) 人生 (11) 修辞 (12) 語呂 (13) 解決策 (14) 文法 (15) 主語 (16) イラスト (17) 国内 (18) 伊勢 (19) 万葉 (20) 文学

Part 1 What did MacMillan become interested in after he came to Japan?

教科書 p.90 ～ 91

本文を読もう 意味のまとまりを意識しながら読もう。

➲解説
❶ [1] There are some people [who create a meaningful bridge between Japan and
有意義な NW 架け橋 ～と…の間に
➲解説
the world]. // [2] One of them is Peter MacMillan, / a poet and translator of classical
～の１人 同格 NW 翻訳家 NW 古典の
Japanese literature. //
NW 文学

➲解説
❷ [3] MacMillan, / born in rural Ireland, / developed an interest in poetry / through
S NW 田舎の V O ～を通して
his mother's love of literature. // [4] At university, / he received a Ph.D. in English
博士号
literature. // [5] In the late 1980s, / MacMillan came to Japan as a university
1980 年代の終わりに ～として
➲解説
lecturer. // [6] He became interested in Japanese poetry from that time. //
NW 講師 ～に興味を持った NW 選集
➲解説
[7] MacMillan decided to look for a collection of poetry (to translate). // [8] Then, / his
～することにした 詩集 NW ～を翻訳する
NW 助言者 NW ～に助言する
mentor, / Eileen Kato, / advised him to translate the *Hyakunin Isshu*. //
同格 KP ～に…するよう勧める

NW 共通点
❸ [9] MacMillan found [that Japanese *waka* poetry has similarities with classical
S V O ～との類似点
➲解説
Irish literature]. // [10] For example, / we can see the appreciation of the beauty of
鑑賞
nature / in both Japanese and Celtic cultures. // [11] Furthermore, / the poetic
～と…の両方 ケルト文化 さらに 詩的な
➲解説
imagery of the *Hyakunin Isshu* reflected his own personal experiences. // [12] For
NW イメージ ～を反映する 個人の 経験
NW ～に思い出させる
example, / the following poem reminded the Irish poet of his own hometown. //
次の KP ～に…を思い出させる 故郷

読解のポイント

- ▶ ピーター・マクミランはいつ，なぜ日本に来たのだろうか。
- ▶ アイリーン加藤はピーター・マクミランに何を勧めたのだろうか。
- ▶ ピーター・マクミランは日本の和歌をどう思ったのだろうか。

1 There are some people who create a meaningful bridge between Japan and the world.

・There are ～「～がいる」の文。who は関係代名詞で，who 以下が people を修飾。

2 One of them is Peter MacMillan, a poet and translator of classical Japanese literature.

・One of them は「彼らの１人」。them はすぐ前の文で出てきた some people who ... を指す。

・Peter MacMillan と a poet 以下は同格。a poet and translator は「詩人であり，翻訳家でもある」という意味で，複数の人物ではなく，１人の人物について述べている。

訳を完成させなさい。ただし，them の内容を示すこと。

（　　　　　）は，（　　　　　）でもあるピーター・マクミランだ。

3 MacMillan, born in rural Ireland, developed an interest in poetry through his mother's love of literature.

・born in rural Ireland は，MacMillan に説明を加える挿入句。

・interest in は「～への興味［関心］」，love of は「～好き」という意味。

訳を完成させなさい。

マクミランは，（　　　　　　　　），（　　　　　　　　）を通して，（　　　　　　　　）を育んだ。

6 He became interested in Japanese poetry from that time.

・from that time は「そのときから」という意味で，that time はすぐ前の文で述べられた，「1980 年代の終わりに大学の講師として来日した」ときのことを指す。

8 Then, his mentor, Eileen Kato, advised him to translate the *Hyakunin Isshu*.

・his mentor と Eileen Kato は同格で，この部分が文の主語。advise ～ to *do* は「～に…するよう勧める」。KP

10 For example, we can see the appreciation of the beauty of nature in both Japanese and Celtic cultures.

・appreciation of は「～を鑑賞する［味わう］力，～の審美眼，鑑賞眼」。

・both ～ and ... は「～と…の両方」。～と ... には Japanese と Celtic がくるが，複数形の cultures が続いており，「日本文化とケルト文化の両方」ということ。

12 For example, the following poem reminded the Irish poet of his own hometown.

・remind ～ of ... は「～に…を思い出させる」。KP

・the Irish poet「アイルランドの詩人」とは，MacMillan のことを指す。

2　日本と世界の間に有意義な架け橋を作り出す人々の１人／詩人であり，日本古典文学の翻訳家　3　アイルランドの田舎で生まれ／母親が文学が好きだったこと／詩への興味［関心］

LESSON 6

Part 2 What changed MacMillan's life forever?

教科書 p.92 ~ 93

本文を読もう 意味のまとまりを意識しながら読もう。

❹ [1] MacMillan spent several years translating the *Hyakunin Isshu*. //
KP …するのに～を費やす

[2] Encouraged by the famous Japanologist, / Donald Keene, / MacMillan published his translation / as *One Hundred Poets, One Poem Each*. // [3] Later, / he was awarded prizes for this work / both in Japan and overseas. //

～に背中を押されて　日本学者　同格　ドナルド・キーン　NW ～を出版する　NW 翻訳　～として　NW（～に賞を）与える　～も…も両方

❺ [4] Actually, / MacMillan's first encounter with the *Hyakunin Isshu* was unpleasant. // [5] Many years ago, / while playing the *karuta* game, / he was told [that Japanese culture was too difficult for non-Japanese to appreciate]. // [6] However, / after publishing his translation, / he was pleasantly surprised. // [7] Many Japanese people said [that they finally understood the meaning of the old poems by reading them in English]. //

～との出会い　NW 不愉快な，嫌な　➲解説　～していたときに　…と言われた　—にとって～すぎて…できない　～したあとで　NW 愉快に，嬉しく　…と言った　～することによって

❻ [8] This Irish translator loves the Japanese cultural background / (reflected in the *Hyakunin Isshu*). // [9] For example, / Japanese aesthetics is based on the idea [that beauty is short-lived]. // [10] Cherry blossoms quickly fade / and that is why Japanese feel their beauty more intensely. // [11] This is different from Western aesthetics, / which associates beauty with immortality. // [12] MacMillan's encounter with Japanese culture changed his life forever. //

➲解説　NW 背景　反映された　…という考え　NW 美学　～に基づいている　同格　はかない　NW 色あせる　だから…なのだ　NW 鮮烈に　～と異なる　NW ～を関連付ける　KP ～を…と結び付ける　NW 永遠性　～との出会い　永遠に

読解のポイント

- ▶ マクミランは『百人一首』の翻訳にどのくらいの時間を費やしたのだろうか。
- ▶ マクミランと『百人一首』との最初の出会いは，どのようなものだったのだろうか。
- ▶ 日本の美学は西洋の美学とどのように異なるのだろうか。

5 Many years ago, while playing the *karuta* game, he was told that Japanese culture was too difficult for non-Japanese to appreciate.

・while playing は while he was playing の he was が省略された形。時や条件を表す副詞節では，主節の主語と同じ場合，〈主語＋ be 動詞〉を省略することができる。

・was told that ... は「…と言われた」，too ～ for ― to ... は「―にとって～すぎて…できない」。

訳を完成させなさい。

何年も前に，(　　　　　　　) ときに，彼は，(　　　　　　　　　　　　　　)。

8 This Irish translator loves the Japanese cultural background reflected in the *Hyakunin Isshu*.

・This Irish translator は MacMillan のこと。彼がアイルランド出身で，翻訳家であるので，このように表現している。reflected 以下は前の名詞を修飾している。

9 For example, Japanese aesthetics is based on the idea that beauty is short-lived.

・the idea that ... は「…という考え」。the idea と that 節は同格の関係。

10 Cherry blossoms quickly fade and that is why Japanese feel their beauty more intensely.

・that is why ... は「だから…なのだ」の意味で，that は文の前半 Cherry blossoms quickly fade の部分を指す。この部分が Japanese feel 以下の理由。their beauty の their は cherry blossoms を指す。

11 This is different from Western aesthetics, which associates beauty with immortality.

・This は前の部分で述べられた「美は短命である」という内容を指す。which は継続用法の関係代名詞で，先行詞である Western aesthetics の補足説明で，which 以下は前の部分の理由となっている。なお，aesthetics は「美学」の意味で，単数扱いとなる。associate ～ with ... で「～を…と結びつける」。KP

訳を完成させなさい。

これは (　　　　　　　) のだが，(　　　　　　　　　　　　　　)。

確認問題の答え

5 カルタ遊びをしていた / 日本文化は日本人ではない人には難しすぎて理解できないと言われた　11 西洋(の)美学とは異なる / それ［西洋(の)美学］は美を永遠性と結びつける

Part 3 What challenges did MacMillan face in translating the *Hyakunin Isshu*?

教科書 p.94 ～ 95

本文を読もう 意味のまとまりを意識しながら読もう。

❼ [1] MacMillan faced various challenges / in translating the *Hyakunin Isshu*. //
～に直面する　課題，難問　～するときに

➲解説
[2] Japanese rhetorical features are very difficult (to express in English). // [3] For
NW 修辞学的な　特徴

example, / *kakekotoba*, / or Japanese puns, / often do not share the same double
つまり　NW 語呂合わせ　～を共有する　NW 二つの

➲解説
meanings in English. // [4] One exception is the Japanese word *matsu*. // [5] As in
NW 例外　～のように

Poem 1, / it has the same two meanings as the English word *pine*: / "pine tree" and
…と同じ～　NW 松：待つ

➲解説
"to wait for a loved one." // [6] However hard it was to translate Japanese puns, / the
KL それがどんなに困難であっても

poet was able to find a solution for every one of them. //
～することができた　1つ残らず

❽ [7] Another translation problem concerns grammar. // [8] Sometimes / there is no
NW ～に関係する　NW 文法

➲解説
clear subject in a *waka* poem. // [9] In Poem 2, / for instance, / who (do you think) is
明確な　主語　S　V

➲解説
"making a path through the fallen leaves"? // [10] A stag or the poet? // [11] MacMillan
落ち葉　雄鹿

purposely translates those lines without a subject / (to introduce Japanese culture
NW 意図的に　～なしで　～するために

more effectively in English). // [12] He says, / "In this *waka* poem, / there is no need
～は必要ない

➲解説
for a clear subject. // [13] This may reflect the Japanese view of nature / [that humans
同格　…という～

and nature are one]." //

読解のポイント

▶ マクミランが『百人一首』の翻訳で直面した課題はどんなものだったのだろうか。

▶ 修辞学上の問題とはどんなものだったのだろうか。

▶ 文法上の問題はどんなものだったのだろうか。

2 Japanese rhetorical features are very difficult to express in English.

・to express in English は前の形容詞 difficult を修飾する副詞的用法の不定詞句。「英語で表現するにはとても難しい」ということ。

5 As in Poem 1, it has the same two meanings as the English word *pine*: "pine tree" and "to wait for a loved one."

・文頭の As は「～のように」。it はすぐ前の文の (the Japanese word) *matsu* を指す。

・the same ～ as ... は「…と同じ～」。「:」(コロン) のあとは，すぐ前の部分の補足説明となっている。wait for「～を待つ」，loved one「最愛の人」。

確認問題

訳を完成させなさい。

和歌 1 のように，「マツ」は，英語の pine (　　　　　　　　)。つまり，(　　　　　　　　) という意味だ。

6 However hard it was to translate Japanese puns, the poet was able to find a solution for every one of them.

・〈However ＋形容詞 [副詞] ＋ ...〉は「どんなに…でも」の意味で，譲歩を表す副詞節。 KL hard のあとは it ... to ～の文で，it は to 以下を指す。it was hard to translate Japanese puns の文の hard が However のあとに出た形と考える。

・the poet は MacMillan のこと。them は文の前半の Japanese puns。

確認問題

訳を完成させなさい。

(　　　　　　　　)，その詩人は (　　　　　　　　)。

9 In Poem 2, for instance, who do you think is "making a path through the fallen leaves"?

・for instance は挿入句。who 以下は疑問詞で始まる疑問文に do you think が挿入された形で，挿入されたあとの部分は〈(主語＋) 動詞〉の語順になる。ここは疑問詞 who が主語の文。

11 MacMillan purposely translates those lines without a subject to introduce Japanese culture more effectively in English.

・those lines は 9 の文で出てきた Poem 2 の詩の行のこと。

・without は「～なしで」。to ～は「～するために」の意味の副詞的用法の不定詞句。

13 This may reflect the Japanese view of nature that humans and nature are one.

・This はすぐ前の文の In this *waka* poem, there is no need for a clear subject. の内容を指す。that 節は the Japanese view of nature と同格。

確認問題

訳を完成させなさい。

これは，(　　　　　　　　) を (　　　　　　　　)。

確認問題の答え 5 と同じように2つの意味を持つ /「松(の木)」と「愛する人を待つ」 6 日本語の語呂合わせを翻訳することがどんなに難しくても / 1つ残らず解決策を見つけることができた 13 人間と自然は1つであるという日本人の自然観 / 反映しているのかもしれない

Part 4 What is MacMillan's mission?

教科書 p.96～97

本文を読もう 意味のまとまりを意識しながら読もう。

➲解説

❾ [1] MacMillan has expanded the world of the *Hyakunin Isshu* translation. // [2] He created an English version of the *karuta* with original illustrations / (to help players understand the poems better). // [3] He also organized English *karuta* competitions in Japan, / and a national tournament in his home country, / Ireland. // [4] MacMillan hopes [the English *karuta* will someday become an Olympic event]. //

expanded ～を広げる
NW version ～版
NW illustrations 挿し絵，イラスト
➲解説 NW organized ～を催す
NW competitions 競技大会
national tournament 国内トーナメント
his home country, / Ireland 同格
➲解説 MacMillan S / hopes V / [the English karuta will someday become an Olympic event] O / the English karuta S' / will someday become V' / an Olympic event C'

❿ [5] In addition to the *Hyakunin Isshu*, / he also translated *The Tales of Ise* / and a selection from the *Manyoshu*. // [6] His translations give readers a window into a beautiful and fascinating world. // [7] They also help to promote cross-cultural understanding. //

In addition to ～に加えて
NW selection 選集
window into ～を知るための窓
promote ～を促進する
NW cross-cultural 異文化間の

⓫ [8] The Great East Japan Earthquake of 2011 led MacMillan to find his mission. // [9] He explains, / "I'm committed to introducing the splendors of Japanese literature to the English-speaking world. // [10] This, / in fact, / is how I contribute to Japanese society." // [11] His love of Japanese culture and literature became his mission in life. // [12] Whatever difficulties MacMillan may face, / he continually strives to introduce the beauty of Japanese culture in English. //

led ～ to find ～に…するようし向けた
NW mission 使命
➲解説 KP I'm committed to introducing ～することに専念する
NW splendors 輝き
the English-speaking world 英語圏
➲解説 This, / in fact, / is how このようにして…
NW contribute 貢献する
His love of Japanese culture and literature S / became V / his mission in life C 人生における使命
➲解説 NW Whatever どんな～でも
KL Whatever difficulties どんな～に…しても
NW continually たえず
NW strives 努める
strives to ～するよう努力する
in English 英語で

読解のポイント

▶ マクミランは独自のイラストを使って何を作ったのだろうか。

▶ マクミランは『百人一首』以外に何を翻訳したのだろうか。

▶ 2011 年の東日本大震災はマクミランに何を考えさせたのだろうか。

2 He created an English version of the *karuta* with original illustrations to help players understand the poems better.

・to help 以下は「～するために」の意味の副詞的用法の不定詞句。help は〈help + O +原形不定詞〉「O が～するのを助ける，～するのに役立つ」の形。

3 He also organized English *karuta* competitions in Japan, and a national tournament in his home country, Ireland.

・organized の目的語は English *karuta* competitions と a national tournament の 2 つ。his home country と Ireland は同格。

4 MacMillan hopes the English *karuta* will someday become an Olympic event.

・the English *karuta* 以下が hopes の目的語。hope (that) ...「…であることを希望する」の that が省略された形。will someday become で「いつか～になる」。

9 He explains, "I'm committed to introducing the splendors of Japanese literature to the English-speaking world.

・be committed to *do*ing は「～することに専念する」という意味。**KP**

確認問題 I'm committed to 以下の訳を完成させなさい。
私は（ ）。

10 This, in fact, is how I contribute to Japanese society."

・This is how ...「このようにして…」の文に in fact「実際(に)」が挿入されている。how 以下は関係副詞節。contribute to は「～に貢献する」。

訳を完成させなさい。
実際，（ ）。

12 Whatever difficulties MacMillan may face, he continually strives to introduce the beauty of Japanese culture in English.

・〈Whatever +名詞〉で「どんな～(を…しても)」。ここはあとに face「～に直面する」が続いているので，「どんな～に直面しても」という意味で，譲歩を表す副詞節になっている。**KL** strive to *do* は「～するよう努力する」。

訳を完成させなさい。
マクミランは（ ），（ ）。

確認問題の答え 9 日本文学の輝きを英語圏に紹介することに専念する 10 このようにして私は日本(の)社会に貢献している 12 どんな困難に直面しても / 日本(の)文化の美しさを英語で紹介するようたえず努力する

LESSON 6

文法のまとめ

英語の構文Ⅲ　(関係詞)　〔→教科書 p.187〕

①　「〜する時／場所／理由／方法」を表現したいとき

when, where, why, how のあとに〈S + V〉の形を続けて,「S が〜する時〔場所, 理由, 方法〕」の意味を表すことができる。

それぞれ, 先行する名詞の意味を含んだ形で用いることができる。

a.　when「〜する時」

・The Arles period was when Van Gogh started painting with bright colors. 〔p.102, Q1〕
(アルル時代とは, ヴァン・ゴッホが明るい色を使って絵を描き始めたときだった。)

b.　where「〜する場所」

・Paris is where Japanese arts and products appealed to artists in the 19th century.
(パリは, 19 世紀に日本の美術品や製品が芸術家を魅了した場所だ。)

c.　why「〜する理由」

・This is why Van Gogh moved to Arles, France in 1888.〔p.102, Q1〕
(こういうわけで, ヴァン・ゴッホは 1888 年にフランスのアルルに移った。)

d.　how「〜する方法」

・Do you know how he solved the problem?〔p.102〕
(あなたは彼がその問題を解いた方法を知っていますか。)

演習問題

❶ 日本語に合うように，(　) に適する語を書きなさい。

(1) 彼はドイツで幸せに暮らしたときを思い出した。
He remembered the time (　　　　) he had lived a happy life in Germany.

(2) 新宿駅は毎日約 360 万人の乗客が乗り降りする場所だ。
Shinjuku Station is (　　　　) about 3.6 million passengers get on and off every day.

(3) こういうわけで私たちは遅刻した。This is (　　　　) we were late.

(4) これが私がその数学の問題を解いた方法だ。
This is (　　　　) I solved the math problem.

❷ 英文を日本語にしなさい。

(1) The year 1945 was when World War Ⅱ ended.
(　　　　　　　　　　　　　　　　)

(2) This is where the accident happened.
(　　　　　　　　　　　　　　　　)

(3) That was why everyone couldn't believe his words.
(　　　　　　　　　　　　　　　　)

(4) Do you know how we can go to that island?
(　　　　　　　　　　　　　　　　)

❸ 日本語に合うように，(　) 内の語句を並べかえて英文を完成させなさい。

(1) 元日は私たちが新年の到来を祝うときだ。
New Year's Day (celebrate / when / is / the arrival / the new year / of / we).

____

(2) このカフェテリアは私が毎日昼食を食べる場所だ。
This cafeteria (I / is / lunch / every / where / have) day.

____

(3) この道具の使い方を教えてください。(how / this tool / I / use / tell me / can).

____

演習問題の答え ❶ (1) when ▶「～する時」 (2) where ▶「～する場所」 (3) why ▶「～する理由」 (4) how ▶「～する方法」 ❷ (1) 1945 年は，第二次世界大戦が終わったときだった。 (2) これが(その)事故が起こった場所だ。 (3) そういうわけで，みんなは彼の言葉を信じることができなかった。 (4) あなたはその島へ行く方法を知っていますか。 ❸ (1) (New Year's Day) is when we celebrate the arrival of the new year(.) ▶ when「～する時」 (2) (This cafeteria) is where I have lunch every (day.) ▶ where「～する場所」 (3) Tell me how I can use this tool. ▶ how「～する方法」

② 「～するものは何でも」「何が[を]～しても」などを表現したいとき

疑問詞にeverのついた，whatever[whoever，whenever，wherever，however]の形は，「～するものは何[だれ]でも」「何[だれ]が～しても」などの意味を表す。

a. whatever 「～するものは何でも(= anything that ～)」「何が[を]～しても (= no matter what ～)」

・Van Gogh absorbed whatever he saw, heard, or felt in France.〔p.102〕
（ヴァン・ゴッホはフランスで見聞きし，感じたものを何でも吸収した。）

「～するどんな…でも (= any ... that ～)」「どんな～が [を／に] …しようとも」(= no matter what ～)」

・Whatever difficulties MacMillan may face, he continually strives to introduce the beauty of Japanese culture in English.〔p.96, **12**〕
（たとえどんな困難に直面したとしても，マクミランは絶えず英語で日本文化の美しさを紹介しようと努力する。）

b. whoever 「～する人はだれでも(= anyone who ～)」「だれが～しても (= no matter who ～)」

・Whoever knows Van Gogh imagines the bright vivid colors of his paintings.〔p.102〕
（ヴァン・ゴッホを知っている人ならだれでも，彼の絵画の明るく鮮明な色を思い浮かべる。）

・Whoever comes here, don't tell him or her where I am.〔p.102〕
（だれがここに来ても，私がどこにいるのか言わないでください。）

c. whenever 「～するときならいつでも(= at any time when ～)」「いつ～しても(= no matter when ～)」

・I feel happy whenever I read this poem.
（この詩を読めばいつでも私は幸せを感じる。）

d. wherever 「～するところならどこでも(= at any place where ～)」「どこで～しても(= no matter where ～)」

・However, wherever he lived until his early 30s, he could not find an ideal place for painting.〔p.102〕
（しかし，彼は30代の初めまでどこに住んでも，絵を描くのに理想的な場所を見つけることができなかった。）

e. however 「どんなに～であっても(= no matter how ～)」

・However hard it was to translate Japanese puns, the poet was able to find a solution for every one of them.〔p.94, **6**〕
（日本語の語呂合わせを翻訳することがどんなに困難であっても，その詩人はすべての詩において解決策を見出すことができた。）

演習問題

❶ 日本語に合うように，（　）に適する語を書きなさい。

(1) あなたが好きなものを何でも選べます。
You can choose (　　　　　) you like.

(2) 音楽が好きな人はだれでも歓迎します。
(　　　　　) likes music is welcome.

(3) 時間があるときはいつでも手伝います。
I will help you (　　　　　) I have time.

(4) Wi-Fi がつながるところならどこでもこのデバイスを使うことができる。
You can use this device (　　　　　) you can get Wi-Fi.

❷ 英文を日本語にしなさい。

(1) Don't open the door, whoever comes.
(　　　　　　　　　　　　　　　　　　　　　　　　)

(2) Wherever you hide, I will find you.
(　　　　　　　　　　　　　　　　　　　　　　　　)

(3) However cold it is, he never wears gloves.
(　　　　　　　　　　　　　　　　　　　　　　　　)

❸ 日本語に合うように，（　）内の語句を並べかえて英文を完成させなさい。

(1) どんな困難にあろうとも，彼は乗り越えようとする。
(has / difficulties / whatever / he), he tries to overcome.

____

(2) だれがこの歌を歌おうとも，リサより上手には歌えない。
(sings / no one / this song / whoever / ,) can sing better than Lisa.

____

(3) いつ来ようとも，歓迎します。
(you / will / I / whenever / come / ,) welcome you.

____

LESSON 6

演習問題の答え　❶ (1) whatever　(2) Whoever　(3) whenever　(4) wherever ▶ (1) ～ (4) 疑問詞に ever がついた形を使う。　❷ (1) だれが来てもドアを開けてはいけません。　(2) あなたがどこへ隠れようとも，私はあなたを見つけます。　(3) どんなに寒くても，彼は決して手袋をはめない。▶ (1) ～ (3) 疑問詞に ever がついた形が「だれが[どこへ，どんなに]～しても」の意味を表す。　❸ (1) Whatever difficulties he has(, he tries to overcome.) ▶ 〈whatever＋名詞〉「どんな～に」　(2) Whoever sings this song, no one (can sing better than Lisa.)　(3) Whenever you come, I will (welcome you.)

Key Phrases のまとめ

(ページ)

90	□ **advise ～ to *do*** ～に…するよう勧める He *advised* me *to buy* this dictionary. (彼は私にこの辞書を買うように勧めてくれた)
90	□ **remind ～ of ...** ～に…を思い出させる This picture *reminds* me *of* my grandfather. (この写真は私に祖父を思い出させる)
92	□ **spend ～ *doing*** …するのに～を費やす I *spent* two hours *doing* my homework. (私は宿題をするのに2時間を費やした)
92	□ **associate ～ with ...** ～を…と結び付ける Many people *associate* Paris *with* the Eiffel Tower. (多くの人がパリをエッフェル塔と結び付ける)
96	□ **be committed to *doing*** ～することに専念する He *is committed to studying* Chinese. (彼は中国語を勉強することに専念している)

その他の重要表現

90	□ **become interested in** ～に興味をもつ ▶ be interested in「～に興味をもっている」(現在すでに興味がある) become interested in「～に興味をもつ」(新たに興味をもつようになる)
92	□ **too ～ for — to *do*** —にとって～すぎて…できない ▶ for —は to *do*の意味上の主語を表す。for —のない，too ～ to *do*「～すぎて…できない」の形もある。
92	□ **be different from** ～と異なる My plan *is different from* yours. (私の計画はあなたのと異なる)
94	□ **in *doing*** ～するときに Be careful *in crossing* the road. (道路を横断するときには気をつけなさい)
96	□ **strive to *do*** ～するよう努力する She *strived to pass* the exam. (彼女は試験に合格するよう努力した)

演習問題

❶ 日本語に合うように，空所に適語を書きなさい。

(1) 医者は私にもっと早く寝るよう勧めた。
The doctor ( ) me ( ) go to bed earlier.

(2) この物語は私に子ども時代を思い出させる。
This story ( ) me ( ) my childhood.

(3) 私たちはよくイタリアをピザと結び付ける。
We often ( ) Italy ( ) pizza.

(4) 彼はすぐにそのプロジェクトに興味を持った。
He soon ( ) ( ) in that project.

(5) 私の考えはあなたのと異なる。
My idea is ( ) ( ) yours.

❷ 英文を日本語にしなさい。

(1) He spent a week making that table.
( )

(2) They are committed to preparing for their school festival.
( )

(3) This coffee is too hot for me to drink.
( )

(4) My grandfather wears glasses when he reads a newspaper.
( )

(5) He strived to succeed in his business.
( )

演習問題の答え ❶ (1) advised, to (2) reminds, of (3) associate, with (4) became interested (5) different from ❷ (1) 彼はそのテーブルを作るのに１週間を費やした。 (2) 彼らは学園祭の準備をすることに専念している。 (3) このコーヒーは私には熱すぎて飲めない。 (4) （私の）祖父は新聞を読むとき眼鏡をかける。 (5) 彼は事業で成功するよう努力した。

定期テスト対策問題

❶ 日本文に合う英文になるように，空所に適する語を書きなさい。

□(1) ピーター・マクミランは日本とアイルランドの間の架け橋を作った。
Peter MacMillan created a bridge ______ Japan ______ Ireland.

□(2) 日本の習慣の中には中国の習慣と共通点があるものもある。
Some Japanese customs have ______ ______ Chinese customs.

□(3) 人々はふつう京都を古い寺社と結びつける。
People usually ______ Kyoto ______ old temples and shrines.

□(4) 彼らはプロジェクトの成功に貢献した。
They ______ ______ the success of the project.

□(5) ラフカディオ・ハーンは1800年代の終わりに日本に来た。
Lafcadio Hearn came to Japan ______ the ______ 1800s.

❷ 各組の英文がほぼ同じ内容を表すように，空所に適する語を書きなさい。

□(1) It took him an hour to solve that math problem.
He ______ an hour ______ that math problem.

□(2) You don't need subjects in some Japanese sentences.
There is ______ ______ for subjects in some Japanese sentences.

❸ 日本文に合う英文になるように，（　）内の語句を並べかえなさい。

□(1) どんな困難に直面するかもしれないとしても，最善を尽くすべきだ。
(face / difficulties / may / whatever / you), you should do your best.
________________________________, you should do your best.

□(2) だれが私を助けてくれたと思いますか。
(helped / who / you / do / me / think)?
____

❹ 英文を日本文にしなさい。

□(1) He strived to succeed in his business.
____

□(2) She is committed to translating that book into Japanese.
____

□(3) However busy you are, please call me tonight.
____

❺ 日本文を英文にしなさい。

□(1) 医者は彼にたばこをやめるよう勧めた。

____

□(2) その歌は彼女に子ども時代を思い出させた。

____

読解

❻ 次の英文を読んで，あとの問いに答えなさい。

Actually, ① MacMillan's first encounter with the *Hyakunin Isshu* was unpleasant. Many years ago, while playing the *karuta* game, he was told that Japanese culture was too difficult for non-Japanese to appreciate. However, after publishing his translation, ② he was pleasantly surprised. Many Japanese people said that they finally understood the meaning of the old poems by reading them in English.

This Irish translator loves the Japanese cultural background ③ (reflect) in the *Hyakunin Isshu*. For example, ④ Japanese aesthetics is based on the idea that beauty is short-lived. Cherry blossoms quickly fade and that is why Japanese feel their beauty more intensely. This is different from ⑤ Western aesthetics, which associates beauty with immortality. MacMillan's encounter with Japanese culture changed his life forever.

(1) 下線部①・②の理由を，それぞれ日本語で書きなさい。

□① ______________________________

□② ______________________________

□(2) 本文の流れに合うように，③の（　　）内の語を適する形にしなさい。

____

□(3) 下線部④を日本語にしなさい。

____

□(4) 下線部⑤の具体的な内容を日本語で書きなさい。

____

(5) 本文の内容と合っているものには○を，合っていないものには×を書きなさい。

□(a) Since cherry blossoms fade soon, Japanese become even more attached to the beauty of cherry blossoms. (　　)

□(b) After having known about Japanese culture, MacMillan changed his view of his own culture forever. (　　)

定期テスト対策問題の解答・解説

❶ (1) between, and　(2) similarities with　(3) associate, with
(4) contributed to　(5) in, late

解説 (1)「～と…の間の」は between ～ and ...。
(2)「～と共通点がある」は have similarities with。
(3)「～を…と結び付ける」は associate ～ with ...。
(4)「～に貢献する」は contribute to。
(5)「～の終わりに」は in the late ～。

❷ (1) spent, solving　(2) no need

解説 (1)「彼はその数学の問題を解くのに1時間かかった」という文を，spend ～ *do*ing「…するのに～を費やす」の表現を使って書きかえる。
(2)「日本語の文では主語が必要ないこともある」という文を，there is no need for「～は必要ない」の表現を使って書きかえる。

❸ (1) Whatever difficulties you may face(, you should do your best.)
(2) Who do you think helped me?

解説 (1)「どんな～に…としても」は〈Whatever＋名詞〉で表す。
(2) 疑問詞で始まる疑問文に do you think が挿入された形。

❹ (1) 彼は事業で成功しようと努力した。
(2) 彼女はその本を日本語に翻訳することに専念している。
(3) (あなたが) どんなに忙しくても，今晩私に電話してください。

解説 (1) strive to *do* は「～するように努力する」の意味を表す。
(2) be committed to *do*ing は「～することに専念する」。
(3)〈however＋形容詞＋S＋be 動詞〉は「どんなに (S は) ～であっても」の意味を表す。

❺ (1) The doctor advised him to stop smoking.
(2) That song reminded her of her childhood.

解説 (1) 「～に…するよう勧める」は advise ～ to *do* を使って表す。「たばこをやめる」は「たばこを吸うのをやめる」ということなので，stop smoking と表す。
(2) 「～に…を思い出させる」は remind ～ of ...。

❻ (1)① 何年も前にカルタ遊びをしていたときに，（彼は）日本文化は難しすぎて日本人でない者が理解することはできないと言われたから。
② 多くの日本人が，英語で読むことによって，それらの古い歌の意味をようやく理解したと言ったから。
(2) reflected
(3) 日本の美学は，美は短命であるという考えに基づいている。
(4) 美を永遠性と結び付ける。
(5)(a) ○ (b) ×

解説 (1)① すぐあとの文が理由を表している。while playing は while he was playing の he was が省略された形。was told that ... は「…（である）と言われた」，too ～ for ― to *do* は「あまりにも～すぎて―は…できない」。
② すぐあとの文が理由を表している。by *do*ing は「～することによって」。
(2) reflect は「～を反映する」という意味。「『百人一首』の中に反映されている」の意味にして，reflected 以下が前の名詞 background を修飾する形にする。the Japanese cultural background で「日本の文化的背景」。
(3) is based on は「～に基づいている」。the idea that ... は「…という考え」という意味で，the idea と that 節は同格の関係。
(4) 下線部⑤のあとに「,」（コンマ）があり，そのあとに関係代名詞 which が続いている。この which は継続用法の関係代名詞で，which 以下が下線部の補足的説明となっている。which 以下の内容が答えとなる。associate ～ with ... は「～を…と結び付ける」。
(5)(a) 「桜の花はすぐに散ってしまうので，日本人は桜の花の美しさにさらにいっそう愛着を持つ」という文。本文第２段落の３つ目の文に,「桜の花はすぐに散ってしまうが，それゆえに日本人はその美しさをより鮮烈に感じる」とあるので，内容に合っている。
(b) 「日本の文化について知ったあと，マクミランは自分自身の文化に対する見方を永遠に変えた」という文。本文第２段落の最後の文に，「マクミランの日本文化との出会いは，彼の人生を永遠に変えた」とあるが，「自分自身の文化に対する見方を永遠に変えた」とは述べられていないので，内容と合っていない。

LESSON 6

LESSON 7

Be Free from Gender Bias

Preview

Introduction

ジェンダーがテーマ。社会で見られるジェンダーバイアスやジェンダーギャップとはどんなものか，だれがどんな分野でジェンダーに関する問題に直面するのかなどを読み取り，今日の社会におけるジェンダーの多様性について考えよう。

● Part 別に Summary を完成させよう ……………›

Part 1 私たちの社会のどこにジェンダーバイアスがあるのだろう。

（　(1)　）的な性別とは異なる，男らしさや女らしさといったジェンダーの概念は（　(2)　）的，（　(3)　）的に形成され，性的役割に関する思い込みがジェンダーバイアスにつながる。ジェンダーバイアスの種は，（　(4)　）の頃から私たちに植え付けられる。ジェンダーバイアスはどこにでもあり，私たちの夢の実現を阻むこともある。このように，ジェンダーバイアスは大きなジェンダー（　(5)　）につながっていくのである。

Part 2 ジェンダーギャップはどの分野で見られるのだろう。

ジェンダーギャップは（　(6)　）においてよく見られる。世界中で，女子は男子よりも学校教育を受けていない傾向にある。ユニセフによると，15 歳から 19 歳の男子の（　(7)　）%が学校に行かず，職にも就かず，職業訓練も受けていないのに対し，女子のその割合は（　(8)　）%近くにのぼるという。また，（　(9)　）や（　(10)　）においてもジェンダーギャップが存在する。例えば，日本では，女性リーダーの割合が極端に低いのが実情だ。

Part 3 女性だけでなく，ほかにだれが不平等に直面しているのだろう。

女性だけでなく，（　(11)　）もまた性別上の不平等を経験している。日本社会では，男性は（　(12)　）を第一とすることがしばしば求められる。さらに，ジェンダーバイアスは，男性の（　(13)　）選択の幅を狭めることもある。また，多様で特別なアイデンティティを持つジェンダー（　(14)　）の人たちがいる。私たちは，彼らが日常生活で直面する不平等を認識する必要がある。彼らの中には，（　(15)　）されることを恐れて，自由に生きることをためらう人たちもいる。

Part 4 今日の社会においてジェンダーの多様性はどのようになっているのだろう。

(　(16)　) の人々にとっては，男性がキルトと呼ばれるスカートをはくことは当然であるが，男性がスカートをはかないところで育った人々にとっては，なじみがないかもしれない。これは，私たちの (　(17)　) の見方や装い方がジェンダーバイアスに影響されているからである。学校の (　(18)　) においては，ジェンダーバイアスに取り組む傾向が広まりつつある。また，最近のファッションの流行では，男女の区別がなくなりつつあり，若者たちは，性別を超えてファッションを楽しみ，自分の好きな (　(19)　) や (　(20)　) の服を着る。

Overview

● 各 Part について，適切なタイトルを選んでみよう ············>

1. a. Parents' Influence on Their Children
   b. How Gender Gaps Occur
   c. The *Gender Gap Report* Published Every Year
2. a. Gender Gaps in Various Fields
   b. Gender and Education
   c. Fighting for Gender Equality
3. a. Solutions to Gender Norms in Japan
   b. Men's Narrow Career Choices
   c. Gender Inequalities for Men and Gender Minorities
4. a. Traditional Fashion in Scotland
   b. Creating an Inclusive Society
   c. Uniforms and Identities

Hint 1. Part 1 では「どのようにしてジェンダーバイアスが生まれ，ジェンダーギャップへとつながるか」が述べられている。

a. influence on「～への影響」 b. occur「起こる」 c. publish「～を出版する」

2. Part 2 では「ジェンダーギャップはどの分野で見られるか」が述べられている。

a. various「さまざまな」 b. education「教育」 c. equality「平等」

3. Part 3 では「だれが不平等に直面しているか」について述べられている。

a. norm「規範」 b. narrow「狭い」 c. inequality「不平等」

4. Part 4 では「今日の社会におけるジェンダーの多様性」について述べられている。

a. traditional「伝統的な」 b. inclusive「包括的な」 c. uniform「制服」

● Summary 完成問題の答え ··········> (1) 生物学　(2) 社会　(3) 文化　(4) 子ども　(5) ギャップ　(6) 教育　(7) 10　(8) 25　(9) 経済　(10) 政治　(11) 男性　(12) 仕事　(13) 職業　(14) マイノリティ　(15) 拒絶　(16) スコットランド　(17) ファッション　(18) 制服　(19) 色　(20) スタイル

Part 1 Where is gender bias in our society?

教科書 p.106 ～ 107

本文を読もう 意味のまとまりを意識しながら読もう。

❶ [1] Unlike our biological sex, / the concept of gender / — masculine or feminine — / is formed socially and culturally. // [2] For example, / society assumes that men should earn money / and women should do housework or raise children. // [3] These assumptions about gender roles lead to gender bias. //

（➲解説 Unlike: NW ～とは異なり／biological: NW 生物学的な／sex: NW 性別／concept: 概念／gender: ジェンダー／masculine: 男らしい／feminine: 女らしい／is formed: 形成される／socially: 社会的に／culturally: 文化的に／➲解説 assumes: ～と想定する／earn: NW ～を稼ぐ／raise: ～を育てる／➲解説 assumptions: 思い込み／roles: 役割／lead to: ～につながる／bias: NW 偏見）

❷ [4] The seeds of gender bias have been planted in us since childhood. // [5] Parents tend to give dolls or stuffed animals to their daughters, / and encourage them to take piano or ballet lessons. // [6] In contrast, / sons are often given toy cars or video games, / and are encouraged to join a soccer or baseball team. // [7] Our preferences begin to be influenced / before our identity is fully established. //

（seeds: 種／have been planted: （ずっと）植え付けられている／tend: NW 傾向がある／tend to: KP ～する傾向がある／stuffed animals: 動物のぬいぐるみ／encourage them to: ～に…するように勧める／ballet: バレエ／➲解説 In contrast: その一方／toy cars: おもちゃの自動車／are encouraged to: ～するよう勧められる／➲解説 preferences: NW 好み／be influenced: 影響される／identity: NW アイデンティティ／fully: 完全に／established: ～を確立する）

❸ [8] Gender bias is everywhere / and can keep us from realizing our dreams. // [9] For instance, / it discourages women from becoming pilots / or men from becoming flight attendants. // [10] This is how gender bias leads to major gender gaps. // [11] In order to focus on gender-related problems, / the *Global Gender Gap Report* has been published every year since 2006. //

（keep us from realizing: KP ～が…することを阻む／➲解説／discourages: NW ～を思いとどまらせる／discourages women from becoming: KP ～に…することを思いとどまらせる／flight attendants: 客室乗務員／This is how: このようにして／leads to: ～につながる／major: 大きな／gaps: NW ギャップ／gender gaps: ジェンダーギャップ／➲解説 In order to: ～するために／focus on: ～に焦点を当てる／gender-related: ジェンダーに関わる／has been published: （ずっと）出版されている）

読解のポイント

- ▶ ジェンダーとはどのような概念で，どんなところで形成されるのだろうか。
- ▶ ジェンダーバイアスの種はいつから私たちに植え付けられるのだろうか。
- ▶ ジェンダーバイアスが及ぼす悪影響とはどんなものだろうか。

1 Unlike our biological sex, the concept of gender — masculine or feminine — is formed socially and culturally.

・Unlike ～は「～とは異なり」。the concept of gender が文の主語。そのあとの「—」(ダッシュ) ではさまれた部分は gender の補足説明になっている。

2 For example, society assumes that men should earn money and women should do housework or raise children.

・that 節が assumes の目的語。assume that ... は「…(である)と想定する」。

3 These assumptions about gender roles lead to gender bias.

・These assumptions (about gender roles)「これらの(性別上の役割に関する)思い込み」は，すぐ前の文の that 節の中で述べられた内容を指す。

・lead to ～は「～につながる」。

訳を完成させなさい。ただし，These の内容を示すこと。
(　　　　　)という性別上の役割に関する思い込みは，(　　　　　)。

6 In contrast, sons are often given toy cars or video games, and are encouraged to join a soccer or baseball team.

・In contrast「その一方」とは，すぐ前の文で述べられた内容と対照的な内容が続くことを示している。また，すぐ前の文では parents を主語に能動態の文で述べているが，この文では同じ動詞を受動態にしている。なお，and are encouraged to ... の主語は文の前半の主語と同じで sons である。

7 Our preferences begin to be influenced before our identity is fully established.

・to be influenced は不定詞の受動態〈to be ＋過去分詞〉。begin to be influenced で「影響され始める」。

9 For instance, it discourages women from becoming pilots or men from becoming flight attendants.

・it はすぐ前の文で出てきた gender bias を指す。

・〈discourage ＋ O ＋ from *do*ing〉で「～に…することを思いとどまらせる」。O は women と men の 2 つがあり，それぞれに from *do*ing が続いている。**KP**

訳を完成させなさい。ただし，it の内容を示すこと。
例えば，(　　　　　)は(　　　　　)。

11 In order to focus on gender-related problems, the *Global Gender Gap Report* has been published every year since 2006.

・In order to *do* は「～するために」。has been published は現在完了形の受動態〈have[has] been ＋過去分詞〉。

確認問題の答え
3 男性はお金を稼ぎ，女性は家事や子育てをするべきだ / ジェンダーバイアスにつながる
9 ジェンダーバイアス / 女性にパイロットになることを，(または) 男性に客室乗務員になることを思いとどまらせる

Part 2 In what fields are gender gaps found?

教科書 p.108～109

本文を読もう 意味のまとまりを意識しながら読もう。

❹ [1]Gender gap problems can often be seen in education. // [2]Around the world, / girls tend to receive less school education than boys. // [3] UNICEF reported shocking details about boys and girls between 15 and 19. // [4]Worldwide, / while 10% of those boys are not in education, employment, or training, / the rate for girls is nearly 25%. // [5]Most of these girls have to do childcare and domestic chores at home. // [6] These gaps may come from religious beliefs and cultural traditions. //

（注：Gender gap ジェンダーギャップ／education 教育／Around the world 世界中で（➡解説）／tend to ～する傾向にある／less … than KL ～より少ない…／details 詳細／between … and ～と…の間の／Worldwide 世界中で（➡解説）／while …の一方で／employment 雇用／training 職業訓練／rate 割合／nearly ほぼ／Most of ～のほとんど／childcare NW 保育／domestic chores 家庭の雑用／religious NW 宗教的な（➡解説）／beliefs NW 信条）

❺ [7] We can also see gender gaps in economics and politics. // [8] For example, / in Japan, / the percentage of female leaders is extremely low. // [9] A survey in 2019 showed / that Japan was ranked 144th out of 146 countries in women's political empowerment. // [10] In Northern European countries, / on the other hand, / a lot of women are working as leaders. // [11] In these countries with smaller gender gaps, / people fought hard for gender equality. // [12] Through policy reforms and education, / people's attitudes have evolved. //

（注：economics 経済／politics NW 政治／percentage NW 割合／female NW 女性の／extremely 極めて／low 低い／survey 調査（➡解説）／ranked NW ～を位置付ける／out of ～のうち／political NW 政治の／empowerment NW 地位の向上，権限／In Northern European countries（➡解説）／on the other hand その一方で／as ～として／countries（➡解説）／fought hard for ～のために闘った／equality NW 平等／Through ～を通して／policy NW 政策／reforms NW 改革／attitudes NW 態度／evolved 進化する）

読解のポイント

▶ ジェンダーギャップがよく見られるのはどの分野だろうか。

▶ 教育において見られるジェンダーギャップとはどのようなものだろうか。

▶ 経済や政治において見られるジェンダーギャップとはどのようなものだうか。

2 Around the world, girls tend to receive less school education than boys.

・less は little の比較級で，不可算名詞について「より少ない」の意味を表す。KL

次の日本文を英語にしなさい。

今日は昨日より宿題が少ない。

Today, I have ( ) homework ( ) yesterday.

4 Worldwide, while 10% of those boys are not in education, employment, or training, the rate for girls is nearly 25%.

・この while は「…であるのに対して，…の一方で」の意味。those boys は，すぐ前の文の boys and girls between 15 and 19 の部分で出てきた boys を指す。つまり，15 ～ 19 歳の男子のことである。

訳を完成させなさい。

世界中で，その年代の（ ）一方で，（ ）である。

6 These gaps may come from religious beliefs and cultural traditions.

・These gaps とは，この文の前の部分で述べられてきた，男子と女子では教育や雇用，職業訓練の機会に差があることを指している。

9 A survey in 2019 showed that Japan was ranked 144th out of 146 countries in women's political empowerment.

・that 節が showed の目的語。「2019 年の調査によれば，…だった」のように，主語を副詞的に訳すと自然な日本語になる。

訳を完成させなさい。

2019 年の調査によれば，（ ）。

10 In Northern European countries, on the other hand, a lot of women are working as leaders.

・In Northern European countries は場所を表す副詞句。そのあとの on the other hand「その一方で」は挿入句となっている。

訳を完成させなさい。

その一方で，（ ）。

11 In these countries with smaller gender gaps, people fought hard for gender equality.

・these countries「これらの国々」とは，すぐ前の文で出てきた北欧諸国のこと。countries with ... で「…がある国々」。

訳を完成させなさい。

こういった（ ）では，（ ）。

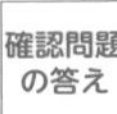

確認問題の答え

2 less, than　4 男子の 10％が学生でもなく，就職もせず，職業訓練も受けていない / 女子のその割合はほぼ 25％　9 日本は女性の政治参加［政治における地位の向上］において 146 か国中 144 位だった　10 北欧諸国では，多くの女性がリーダーとして働いている　11 ジェンダーギャップがより小さい国々 / 人々が男女平等のために熱心に闘った

LESSON 7

Part 3 Who else faces inequalities as well as women?

本文を読もう 意味のまとまりを意識しながら読もう。

❻ [1] Men as well as women experience gender inequalities. // [2] In Japanese society, / men are often expected to put work first, / rather than their families or personal lives. // [3] For example, / men are less likely to take parental leave / due to the pressure from society's gender norms. //

(Men: S／as well as: …と同様に～も／experience: V／gender inequalities: O／NW inequalities 不平等／are expected to: ～することが求められる／NW rather than: むしろ／KL rather than: ～よりもむしろ／personal: 個人の，私的な／lives: 生活／KL less: より少なく／NW likely: ありえそうな／KP be likely to: ～する傾向がある／NW parental: 育児の／parental leave: 育児休暇／NW due／KP due to: ～が原因で／pressure: プレッシャー／NW norms: 規範／gender norms: ジェンダーに基づいた規範)

❼ [4] Furthermore, / gender bias can narrow men's career choices. // [5] Young men are sometimes told, / "You must choose a job [that is suitable for men]." // [6] In one case, / a male student entered college (to study childcare). // [7] There, / he found very few male restrooms, / and even worse, / no changing room for men. // [8] He clearly felt / [he was not welcome there as a student]. //

(Furthermore: さらに／NW narrow: ～を狭める／career choices: 職業選択／In one case: ある事例では／NW male: 男性の／to study: ～するために／childcare: 保育／few: ほとんど～ない／restrooms: トイレ／even worse: さらに悪いことに／changing room: 更衣室／He: S／clearly: 明らかに／felt: V／[he was … student]: O／as: ～として)

❽ [9] Finally, / there are gender minorities / [who have a range of special identities]. // [10] We need to recognize the inequalities [they face in their daily lives]. // [11] For instance, / issues related to uniforms, restrooms, and changing / rooms are yet to be solved. // [12] What is worse, / some minorities hesitate to live freely, / for fear of being rejected. //

(NW minorities: マイノリティ，少数派／a range of: さまざまな／recognize: ～を認識する／face: ～に直面する／issues: 問題／related to: ～に関する／KP be yet to: いまだ～でない／KL What is worse: さらに悪いことに／NW hesitate: ためらう／KP hesitate to: ～することをためらう／NW fear: 恐れ／KP for fear of: ～することを恐れて／NW rejected: ～を拒絶する)

読解のポイント

▶ ジェンダーの不平等を経験するのは女性だけだろうか。

▶ ジェンダーバイアスは男性の何を狭めるのだろうか。

▶ ジェンダーマイノリティが直面する問題はどのようなものだろうか。

1 Men as well as women experience gender inequalities.

・～ as well as ... は「…と同様に～も，…だけでなく～も」という意味。

全文を訳しなさい。

(　　　　　　　　　　　　　　　　　　　　　　　　　　　　　　)

2 In Japanese society, men are often expected to put work first, rather than their families or personal lives.

・be expected to *do*「～することを求められる」の表現に often が挿入された形。

・rather than は「～よりもむしろ」という意味。KL

訳を完成させなさい。

日本社会では，男性は，(　　　　　　　　　　　　　　　　　　　　)。

3 For example, men are less likely to take parental leave due to the pressure from society's gender norms.

・be likely to *do*「～する傾向がある」の表現に，little の比較級 less が使われているので，「あまり～しない傾向にある」という意味になる。KP KL

・due to は「～が原因で」という意味。KP

訳を完成させなさい。

例えば，男性は (　　　　　　　　) が原因で，(　　　　　　　　　　)。

7 There, he found very few male restrooms, and even worse, no changing room for men.

・There はすぐ前の文で述べられた，男性が入学した大学のこと。

・few は「ほとんど～ない」，no は「まったく～ない」。

11 For instance, issues related to uniforms, restrooms, and changing rooms are yet to be solved.

・related to は「～に関する」。uniforms ... changing rooms までが「～」にあたる。

・be yet to *do* は「いまだ～でない」。ここは，不定詞の受動態〈to be ＋過去分詞〉が続いているので，「いまだ～されていない」の意味になる。KP

訳を完成させなさい。

例えば，(　　　　　　　　　　　　　　　　　　　　　　　　　　)。

12 What is worse, some minorities hesitate to live freely, for fear of being rejected.

・what is worse「さらに悪いことに」の what は先行詞を含む関係代名詞で，the thing(s) which の意味。worse は bad の比較級。KL

・hesitate to *do* は「～することをためらう」という意味。KP　for fear of *do*ing は「～することを恐れて」という意味。KP

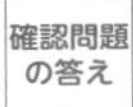

確認問題の答え

1 女性と同様に[だけでなく]男性もジェンダー[性別上]の不平等を経験する。　2 自分の家族や個人の生活よりもむしろ仕事を第一とすることをしばしば求められる　3 社会のジェンダーに基づく規範からくるプレッシャー / 育児休暇をあまり取らない傾向にある　11 制服やトイレ，更衣室に関する問題はいまだ解決されていない

Part 4 How is gender diversity in today's society?

本文を読もう 意味のまとまりを意識しながら読もう。

❾ [1] Do you know a traditional garment (called a kilt)? // [2] It is a knee-length "skirt," /
NW 衣服　キルト　ひざ丈の
➲解説
originally from Scotland. // [3] It is worn by men, / which is quite normal for Scottish
もともとは～由来の　NW 最小，最低　NW ふつうの
➲解説
people. // [4] However, / it might look unfamiliar, / at least for those [who grew up
NW なじみのない　KL 少なくとも　…する人々　育った
➲解説
where men do not wear skirts]. // [5] This is because / [how we view fashion and
= in the place where　これは…だからだ　S　～を見なす
dress ourselves] has been influenced (by gender bias). //
服を着る，装う　V　～によって
NW 傾向
❿ [6] There is a growing trend of addressing gender bias in school uniforms. //
～する傾向　～に取り組む
[7] Some schools in Japan allow students to choose pants or skirts for their uniforms /
～に…することを許す
NW かかわらず
regardless of their biological sex. // [8] Recently, / there is a movement (to introduce
KP ～とは関係なく　生物学的な性別　動き　～を取り入れる
unisex uniforms). //
ユニセックスの，男女共用の

⓫ [9] In current fashion trends, / the distinction between men and women is
NW 最近の　NW 区別　～と…の間の
➲解説
vanishing. // [10] Young people enjoy fashion beyond gender, / wearing any color or
消える　NW ～を超えて
NW 化粧
style [they like]. // [11] Even wearing makeup is becoming popular among young
化粧をすること　～の間で
men these days. //

次第に　➲解説
⓬ [12] In today's society, / gender diversity is increasingly being accepted. // [13] We
多様性　受け入れられつつある
should create an inclusive society / [where all people can express their own
包括的な
identities]. //

読解のポイント

▶ ジェンダーバイアスは何に影響を与えるのだろうか。

▶ 学校の制服におけるジェンダーバイアスへの取り組みとはどのようなものだろうか。

▶ 最近のファッションにはどのような傾向があるのだろうか。

3 It is worn by men, which is quite normal for Scottish people.

・It はすぐ前の文の It と同様に，1 の文で出てきた a traditional garment called a kilt を指す。

・which は継続用法の関係代名詞で，前の部分全体（It is worn by men）が先行詞。

訳を完成させなさい。

それは男性が身につけるのだが，(　　　　　　　　　　　　　　　　)。

4 However, it might look unfamiliar, at least for those who grew up where men do not wear skirts.

・it はすぐ前の文で述べられた「男性が(スカートを)身につける」ことを指す。

・at least は「少なくとも」の意味。least は little の最上級。KL

・those who ... で「…する人々」の意味を表す。who で始まる関係代名詞節の中の where は関係副詞で，先行詞の the place が省略されている。

訳を完成させなさい。

しかしながら，(　　　　　　　　　　　　　　　　)。

5 This is because how we view fashion and dress ourselves (S) has been influenced (V) by gender bias.

・This is because ... は「これは…だからだ」の意味を表す。This はすぐ前の文の内容を指し，because 以下でそのことの理由を述べている。because 節の中の主語は how ... ourselves だが，この how で始まる間接疑問文が主語になっている。has been influenced は現在完了形の受動態〈have[has] been ＋過去分詞〉。

訳を完成させなさい。

これは，（　　　　　　　　　　　　　　　　）からである。

10 Young people enjoy fashion beyond gender, wearing any color or style they like.

・wearing 以下は付帯状況を表す分詞構文。

13 We should create an inclusive society where all people can express their own identities.

・where は関係副詞で，where 以下が先行詞 an inclusive society を修飾している。

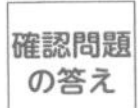

確認問題の答え　3 そのことは，スコットランドの人々にとってはきわめて普通のことである　4 少なくとも男性がスカートを身につけないところで育った人々にとっては，それはなじみのないものに見えるかもしれない　5 私たちがファッションをどのように見なし，どのように装うかは，ジェンダーバイアスに影響されている

文法のまとめ

英語の構文Ⅳ（比較）〔→教科書 p.188〕

① 「～より少ない[程度が低い]」を表現したいとき

little の比較級 less を使って，「～より少ない，程度が低い」の意味を表すことができる（劣等比較）。

a. less ～ than ...「…より少ない～」

・Around the world, girls tend to receive less school education than boys.
〔p.108, 2〕
（世界中で，女子は男子よりも学校教育を受けていない傾向にある。）

b. less ＋形容詞[副詞]＋ than ...「…ほど～でない〔←…より少なく～〕」

・For example, men are less likely to take parental leave due to the pressure from society's gender norms (than women).〔p.110, 3〕
（例えば，男性は社会の性別に基づいた規範のプレッシャーから，育児休暇を（女性ほど）あまり取らない傾向にある。）

② 「数が多い／少ない」を表現したいとき

more や less を含む表現を使って，数が多いか少ないかを表すことができる。

a. no more than ＋数詞（= only ～）「（ほんの）～しか」

・Last year, we had an audience of no more than 370.
（昨年は，（ほんの）370 人しか観客がいませんでした。）

b. not more than ＋数詞（= at (the) most ～）「（多くて）せいぜい～」

・Last year, we had an audience of not more than 370.
（昨年は，せいぜい 370 人しか観客がいませんでした。）

c. no less than ＋数詞（= as many[much] as ～）「～ほども多く」

・Last year, we had an audience of no less than 370.〔p.118, Q1〕
（昨年は，370 人もの観客がいました。）

d. not less than ＋数詞（= at (the) least ～）「少なくとも～」

・Last year, we had an audience of not less than 370.
（昨年は，少なくとも 370 人の観客がいました。）

演習問題

❶ 日本語に合うように，(　)に適する語を書きなさい。

(1) 私は今晩はいつもよりテレビを見る時間が少ない。
I have (　　　　　) (　　　　　) to watch TV tonight than usual.

(2) 私の野球に対する興味はサッカーに対する興味より少ない。
I am (　　　　　) (　　　　　) in baseball than in soccer.

(3) 私は電車を使うことはバスを使うことより少ない。
I use trains (　　　　　) (　　　　　) than buses.

❷ 英文を日本語にしなさい。

(1) I have no less than 5,000 yen with me now.
(　　　　　　　　　　　　　　　　　　　　　　)

(2) I have not less than 5,000 yen with me now.
(　　　　　　　　　　　　　　　　　　　　　　)

(3) I have no more than 5,000 yen with me now.
(　　　　　　　　　　　　　　　　　　　　　　)

(4) I have not more than 5,000 yen with me now.
(　　　　　　　　　　　　　　　　　　　　　　)

❸ 日本語に合うように，(　)内の語句を並べかえて英文を完成させなさい。

(1) 今年は昨年より雨が少ない。
(this year / have / than / rain / we / less) last year.

____

(2) 彼女はお姉さんほど映画を見に行かない傾向にある。
(likely / she / go / less / to / than / to the movies / is) her sister.

____

(3) 100 人ものボランティアが海岸の清掃にやってきた。
(clean / less / volunteers / a hundred / than / no / came / to) the beach.

____

演習問題の答え ❶ (1) less time ▶ less + 名詞 + than ... (2) less interested ▶ less + 形容詞 + than ... (3) less often[frequently] ▶ less + 副詞 + than ... ❷ (1) 私は今，5,000 円も持っている。 (2) 私は今，少なくとも 5,000 円は持っている。 (3) 私は今，(ほんの)5,000 円しか持っていない。 (4) 私は今，せいぜい 5,000 円しか持っていない。 ❸ (1) We have less rain this year than (last year.) (2) She is less likely to go to the movies than (her sister.) (3) No less than a hundred volunteers came to clean (the beach.)

e. at least「少なくとも」

・However, men with a kilt might look unfamiliar, at least for those who grew up where men do not wear skirts.〔p.112, 4〕
（しかし，少なくとも男性がスカートをはかないところで育った人々にとっては，キルトをはいている男性は馴染みのないものに見えるかもしれない。）

f. at most「多くても」

・The hall should be at most ten minutes' walk from the nearest station or bus stop.〔p.118, Q1〕
（ホールは，最寄りの駅かバス停から徒歩で最大 10 分の距離であるべきだ。）

③ 比較を用いたさまざまな表現

比較を用いた慣用的な表現がいくつかある。

a. ～ rather than ...「…よりもむしろ～」

・In Japanese society, men are often expected to put work first, rather than their families or personal lives.〔p.110, 2〕
（日本社会において，男性は，自分の家族やプライベートな生活よりもむしろ仕事を第一とすることがしばしば求められる。）

b. the ＋比較級 ～ , the ＋比較級 ...「～すればするほど…」

・So, the cheaper the hall is, the better it will be.〔p.118, Q1〕
（だから，ホールは安ければ安いほどよいでしょう。）

c. what is ＋比較級「より～なことには」

・What is worse, some minorities hesitate to live freely, for fear of being rejected.
〔p.110, 12〕
（さらに悪いことには，少数派の人たちの中には，拒絶されることを恐れて，自由に生きることをためらう人たちもいる。）

d. (all) the ＋比較級（＋ for ～ / because S ＋ V ～）「（～だから）なおさらいっそう…」

・A weekend or a holiday will be all the better for everyone's convenience.
〔p.118, Q1〕
（週末か休日なら，みんなにとってなおいっそう都合がよいでしょう。）

演習問題

❶ 日本語に合うように，(　) に適する語を書きなさい。

(1) 私たちを手伝ってくれる生徒が少なくとも 3 人必要だ。
We need (　　　　) (　　　　) three students to help us.

(2) ここから駅までバスで最大 5 分だ。
It takes (　　　　) (　　　　) five minutes by bus from here to the station.

(3) 彼は歌手というよりもむしろ音楽家だ。
He is a musician (　　　　) (　　　　) a singer.

❷ 英文を日本語にしなさい。

(1) The sooner you start, the better it will be.
(　　　　　　　　　　　　　　　　　　　　)

(2) It is very cold, and what is worse, it is raining.
(　　　　　　　　　　　　　　　　　　　　)

(3) I like her all the better for her faults.
(　　　　　　　　　　　　　　　　　　　　)

❸ 日本語に合うように，(　) 内の語句を並べかえて英文を完成させなさい。

(1) 私たちは結論を急ぐよりも，むしろもっと話し合うべきだ。
We (discuss it / rather / rush / more / than / should) to a conclusion.

____

(2) 科学を勉強すればするほど，それはもっとおもしろくなるでしょう。
The (study / more / science / it / interesting / you / the more / ,) will be.

____

(3) 彼はとても親切で，さらによいことには，とても頭がよい。
He is very kind, (better / clever / and / very / is / what / ,).

____

演習問題の答え ❶ (1) at least (2) at most (3) rather than ❷ (1) 早く出発すればするほど[始めれば始めるほど]よいでしょう。▶〈the ＋比較級 〜, the ＋比較級 ...〉「〜すればするほど…」 (2) とても寒くて，さらに悪いことには，雨が降っている。▶〈what is ＋比較級〉「より〜なことには」 (3) 彼女には欠点があるからなおさら私は彼女が好きだ。▶〈all the better for 〜〉「〜だからなおさらいっそう…」 ❸ (1) (We) should discuss it more rather than rush (to a conclusion.) (2) (The) more you study science, the more interesting it (will be.) (3) (He is very kind,) and what is better, very clever. ▶ what is better「さらによいことには」

Key Phrases のまとめ

(ページ)

106	□ **tend to *do*** 〜する傾向がある He *tends to be* pessimistic. (彼は悲観的になる傾向がある)
106	□ **keep 〜 from *doing*** 〜が…することを阻む The typhoon *kept* us *from going* camping. (台風のせいで私たちはキャンプに行けなかった)
106	□ **discourage 〜 from *doing*** 〜に…することを思いとどまらせる That accident *discouraged* him *from becoming* a pilot. (その事故のせいで彼はパイロットになることを思いとどまった)
110	□ **be likely to *do*** 〜しそうだ，〜する傾向がある She *is likely to give* up soon. (彼女はもうすぐあきらめそうだ)
110	□ **due to** 〜が原因で The baseball game was put off *due to* the rain. (雨が原因で野球の試合は延期された)
110	□ **be yet to *do*** いまだ〜でない ▶「まだ〜する必要がある」→「まだ〜していない，いまだ〜でない」
110	□ **hesitate to *do*** 〜することをためらう Don't *hesitate to make* mistakes. (間違いを犯すことをためらうな)
110	□ **for fear of *doing*** 〜することを恐れて I said nothing *for fear of hurting* her. (私は彼女を傷つけることを恐れて，何も言わなかった)
112	□ **regardless of** 〜とは関係なく Any adult can enjoy this movie *regardless of* age. (年齢とは関係なくどんな大人もこの映画を楽しめる)

その他の重要表現

106	□ **encourage 〜 to *do*** 〜に…するように勧める The teacher *encouraged* me *to study* at my own pace. (先生は私に自分のペースで勉強するように勧めてくれた)
108	□ **on the other hand** その一方で I like dogs. *On the other hand*, my mother likes cats. (私は犬が好きだ。その一方で，母は猫が好きだ)

演習問題

❶ 日本語に合うように，空所に適語を書きなさい。

(1) 彼女は何でも信じる傾向がある。
She (　　　　　) (　　　　　) believe everything.

(2) 彼は人前で歌うのをためらった。
He (　　　　　) (　　　　　) sing in public.

(3) 彼は道に迷うことを恐れて地図を買った。
He bought a map for (　　　　　) (　　　　　) getting lost.

(4) 性別に関係なく，だれでもこの仕事に応募できる。
Anyone can apply for this job (　　　　　) (　　　　　) sex.

(5) 彼は野球が好きだ。その一方で，彼の弟はサッカーが好きだ。
He likes baseball. (　　　　　) the (　　　　　) (　　　　　), his brother likes soccer.

❷ 英文を日本語にしなさい。

(1) The heavy snow kept us from going out.
(　　　　　　　　　　　　　　　　　　　　　　　　　　　　)

(2) That terrible experience discouraged him from continuing his trip.
(　　　　　　　　　　　　　　　　　　　　　　　　　　　　)

(3) It is likely to rain in the afternoon.
(　　　　　　　　　　　　　　　　　　　　　　　　　　　　)

(4) He could not walk straight due to the strong wind.
(　　　　　　　　　　　　　　　　　　　　　　　　　　　　)

(5) That issue is yet to be resolved.
(　　　　　　　　　　　　　　　　　　　　　　　　　　　　)

(6) My parents encouraged me to study abroad.
(　　　　　　　　　　　　　　　　　　　　　　　　　　　　)

演習問題の答え ❶ (1) tends to　(2) hesitated to　(3) fear of　(4) regardless of　(5) On, other hand　❷ (1) ひどい雪のせいで私たちは外出できなかった［ひどい雪が私たちが外出することを阻んだ］。　(2) そのひどい経験のせいで，彼は旅行を続けることを思いとどまった［そのひどい経験が彼に旅行を続けることを思いとどまらせた］。　(3) 午後は雨が降りそうだ。　(4) 強い風のせい［が原因］で彼はまっすぐ歩けなかった。　(5) その問題はいまだ解決していない。　(6) 私の両親は，私に留学するように勧めてくれた。

定期テスト対策問題

❶ 日本文に合う英文になるように，空所に適する語を書きなさい。

□(1) 電車の遅れは激しい雪が原因だった。
The delay of the train was ＿＿＿＿ ＿＿＿＿ the heavy snow.

□(2) 私は，難しい質問よりもむしろ簡単なものにまず答える。
I will answer easy questions first, ＿＿＿＿ ＿＿＿＿ difficult ones.

□(3) 雨が降り始めた。さらに悪いことに，彼は傘を持っていなかった。
It began to rain. ＿＿＿＿ is ＿＿＿＿, he didn't have an umbrella.

□(4) 年齢，性別に関係なく，だれでもこの活動に参加できる。
Anyone can join this activity ＿＿＿＿ ＿＿＿＿ age and sex.

□(5) この練習は，少なくとも初心者には有益だ。
This practice is useful, ＿＿＿＿ ＿＿＿＿ for beginners.

❷ 各組の英文がほぼ同じ内容を表すように，空所に適する語を書きなさい。

□(1) I don't have time to see movies as much as before.
I have ＿＿＿＿ ＿＿＿＿ to see movies than before.

□(2) I am not interested in pop music as much as before.
I am ＿＿＿＿ ＿＿＿＿ in pop music than before.

❸ 日本文に合う英文になるように，(　) 内の語句を並べかえなさい。

□(1) 彼はプライドのせいで，自分の過ちを認めることができなかった。
(from / him / kept / admitting / his pride) his fault.
＿＿＿＿＿＿＿＿＿＿＿＿＿＿＿＿＿＿＿＿ his fault.

□(2) 最初の失敗のせいで，彼女は自分の夢を追うのを思いとどまってしまった。
(pursuing / the first / discouraged / her / failure / from) her dream.
＿＿＿＿＿＿＿＿＿＿＿＿＿＿＿＿＿＿＿＿ her dream.

❹ 英文を日本文にしなさい。

□(1) He is likely to try to solve any problem by himself.
＿＿＿＿＿＿＿＿＿＿＿＿＿＿＿＿＿＿＿＿

□(2) The bridge between the two islands is yet to be built.
＿＿＿＿＿＿＿＿＿＿＿＿＿＿＿＿＿＿＿＿

□(3) She never passes by that dog for fear of being barked at.
＿＿＿＿＿＿＿＿＿＿＿＿＿＿＿＿＿＿＿＿

❺ 日本文を英文にしなさい。ただし，(2)は（　）内の語を使うこと。

□(1) ためらわずにそれをもう一度やってごらんなさい。

____

□(2) この物語は日本で育った人々にとってはなじみがある。(those)

____

読解

❻ 次の英文を読んで，あとの問いに答えなさい。

Gender gap problems can often be seen in education. ①Around the world, girls tend to receive less school education than boys. UNICEF reported shocking details about boys and girls between 15 and 19. Worldwide, while 10% of those boys are not in education, employment, or training, the rate for girls is nearly 25%. Most of these girls have to do childcare and domestic chores at home. These gaps may come from religious beliefs and cultural traditions.

We can also see gender gaps in economics and politics. For example, in Japan, the percentage of female leaders is extremely low. A survey in 2019 showed that Japan was ranked 144th out of 146 countries in women's political empowerment. In Northern European countries, ②(　　) the (　　) (　　), a lot of women are working as leaders. In ③these countries with smaller gender gaps, people fought hard for gender equality. Through policy reforms and education, people's attitudes have evolved.

□(1) 下線部①を日本語にしなさい。

____

□(2) 下線部②が「その一方で」という意味になるように，（　）に適する語を1語ずつ書きなさい。　＿＿＿＿ the ＿＿＿＿ ＿＿＿＿

□(3) 下線部③が表すものを，本文中の3語で書きなさい。

＿＿＿＿ ＿＿＿＿ ＿＿＿＿

□(4) 次の質問に英語で答えなさい。

What are the three fields where we can see gender gap problems?

They ______________________________.

(5) 本文の内容と合っているものには○を，合っていないものには×を書きなさい。

□(a) Some gender gaps may be related with religious beliefs and cultural traditions.　(　　)

□(b) Japanese women were less empowered in politics than any other women among 146 countries in 2019.　(　　)

LESSON 7

定期テスト対策問題の解答・解説

❶ (1) due to (2) rather than (3) What, worse (4) regardless of
(5) at least

解説 (1) 「～が原因で」は due to。
(2) 「～よりもむしろ」は rather than。
(3) 「さらに悪いことに」は what is worse。〈what is ＋比較級〉の表現。
(4) 「～とは関係なく」は regardless of。
(5) 「少なくとも」は at least。

❷ (1) less time (2) less interested

解説 (1) 「私は以前ほど映画を見る時間がない」という文を，little の比較級 less を使って，〈less ＋名詞＋ than ～〉の形に書きかえる。
(2) 「私は以前ほどポップミュージックに興味がない」という文を，less を使って，〈less ＋形容詞＋ than ～〉の形に書きかえる。

❸ (1) His pride kept him from admitting (his fault.)
(2) The first failure discouraged her from pursuing (her dream.)

解説 (1) 日本文を「彼のプライドが，彼が自分の過ちを認めることを阻んだ」と言いかえて，keep ～ from *do*ing「～が…することを阻む」で表す。
(2) 日本文を「最初の失敗が，彼女に自分の夢を追うことを思いとどまらせた」と言いかえて，discourage ～ from *do*ing「～に…することを思いとどまらせる」で表す。

❹ (1) 彼はどんな問題も自分で解決しようとする傾向にある。
(2) その２つの島の間の橋はいまだ建設されていない。
(3) 彼女は吠えられることを恐れて，決してその犬のそばを通らない。

解説 (1) be likely to *do* は「～しそうだ，～する傾向がある」の意味を表す。
(2) be yet to *do* は「いまだ～でない」の意味を表す。問題文では，to のあとが受動態になっていることに注意。
(3) for fear of *do*ing は「～することを恐れて」の意味を表す。

❺ (1) Don't hesitate to try[do] it again.
(2) This story is familiar to those who grew up in Japan.

解説 (1) hesitate to *do*「～することをためらう」の表現を使って，否定の命令文で表すとよい。
(2) those who ... で「…の人々」。「～にとってなじみがある」は familiar to で表す。

❻ (1) 世界中で，女子は男子よりも学校教育を受けていない傾向にある。
(2) on, other hand
(3) Northern European countries
(4) (They) are education, economics, and politics(.)
(5)(a) ○ (b) ×

解説 (1) tend to *do* は「～する傾向がある」という意味を表す。less は little の比較級で「より少ない」の意味。
(2) 「その一方で」は on the other hand で表す。
(3) 下線部の these countries はすぐ前の文の Northern European countries のこと。
(4) 「ジェンダーギャップの問題が見られる 3 つの分野は何ですか」という質問。本文第 1 段落と第 2 段落のそれぞれ最初の文参照。education, economics, politics の 3 つだとわかる。
(5)(a) 「ジェンダーギャップの中には，宗教的な信条や文化的な伝統と関係があるものもあるかもしれない」という文。本文第 1 段落の最後の文に，「この差は宗教的信条や文化的伝統から来ているかもしれない」とあるので内容に合っている（These gaps とは，第 1 段落で述べられている，ジェンダーギャップの事例を指す）。
(b) 「2019 年に，日本の女性は政治において，146 の国の中でほかのどの国の女性よりも権限が少なかった」という文。本文第 2 段落の 3 番目の文で，2019 年の調査の結果が述べられているが，日本は 146 の国のうちの 144 番目だったとあるので，最下位ではないとわかる。したがって，内容と合っていない。

LESSON 8 The Diminutive Giant Who Fought for Refugees

Preview

Introduction

緒方貞子さんに関する話。彼女は何と呼ばれ，どんな人だったのか，特に難民の救済において彼女がどのような信念を持っていたのか，周りの人々にとって彼女はどんな存在だったのかなどを読み取ろう。

● Part 別に Summary を完成させよう ………………>

Part 1 緒方さんは何に貢献したのだろう。

「小さな（　(1)　）」として知られる日本人女性，緒方貞子さんは，国連難民高等弁務官事務所（UNHCR）を率いた最初の（　(2)　）であり，学者であり，アジア人だった。緒方さんのリーダーシップのもと，UNHCR の目標は明白で一貫していた。それは（　(3)　）であれ（　(4)　）であれ，苦しんでいる人々の命を救うことだった。高等弁務官としてほぼ（　(5)　）年間，彼女は難民への人道支援に大いに貢献した。

Part 2 緒方さんはイラクでクルド人たちのために何をしたのだろう。

緒方さんが高等弁務官に就任したときは,（　(6)　）戦争がちょうど終わったころで,（　(7)　）国内のクルド人たちが迫害を受けていた。（　(8)　）に向かったものの国境を越えることができなかったクルド人たちがいたが，正式には難民ではないため UNHCR の保護を受ける資格がなかった。緒方さんは，難民であろうとなかろうと UNHCR は困っている人たちを保護するべきだという前例のない決断を下した。彼女が（　(9)　）大統領や（　(10)　）と接触した結果，イラク国内に彼らのための安全地帯が設けられた。

Part 3 難民たちが本当に望むことは何なのだろう。

緒方さんは自分の目で状況を見るために，絶えず紛争地の（　(11)　）に足を運んだ。1 人の少年が，いつ（　(12)　）に帰れるのかと彼女に尋ね，彼女は難民たちが本当に望んでいることは何であるかに気づいた。だが，残念ながら，難民たちは，最初に逃れてきた国に（　(13)　）するか，ほかの国に（　(14)　）かという選択を迫られる。難民キャンプにおいて，UNHCR は食料と医療ケアのほかに教育の機会も提供している。全難民のうちの約（　(15)　）が子どもであることを考えると，彼らが将来のために教育を受けることは非常に重要なのである。

Part 4 緒方さんの信条は何だったのだろう。

緒方さんは21世紀を（　(16)　）と（　(17)　）の時代だとみなしていた。国境を越えて，個人を尊重し，（　(18)　）を守るべきだと信じていた。緒方さんにとって，（　(19)　）とは乗り越えるべきものだった。自分たちの命の危険を冒してでも，残って難民を保護するべきかという同僚からの問いに対する彼女の答えは，難民を救える（　(20)　）がわずかでもあるのなら留まるべきだというものだった。彼女が他界したあとも，彼女の言葉や信条は難民保護に尽力する人々を励ましている。

Overview

● 各Partについて，適切なタイトルを選んでみよう ··········›

1. a. A Japanese Woman Who Worked for Refugees
   b. Refugees Around the World
   c. The Mission of UNHCR
2. a. The Safety of Kurdish People in Iraq
   b. Ogata's Motto as the High Commissioner
   c. Refugee Protection by UNHCR
3. a. Ogata's Visits to the Front Lines
   b. What Refugees Really Want
   c. Children at Refugee Camps
4. a. The Age of Co-existence and Interdependence
   b. Ogata's Speech for Refugees
   c. Ogata's Words and Philosophy

Hint 1. Part 1では「緒方貞子さんは何に貢献したのか」が述べられている。
a. b. refugee「難民」 c. mission「使命」 UNHCR「国連難民高等弁務官事務所」
2. Part 2では「人々を救うときの緒方さんの信条」が述べられている。
a. safety「安全性」 Kurdish people「クルド人」 b. motto「モットー」
High Commissioner「高等弁務官」 c. protection「保護」
3. Part 3では「難民たちが本当に望んでいることは何か」について述べられている。
a. front line「最前線」 c. refugee camp「難民キャンプ」
4. Part 4では「緒方さんの言葉や信条」について述べられている。
a. co-existence「共存」 interdependence「相互依存」 c. philosophy「信条」

●Summary 完成問題の答え ··········› (1) 巨人　(2) 女性　(3) 難民　(4) 国内避難民　(5) 10　(6) 湾岸　(7) イラク　(8) トルコ　(9) アメリカ　(10) 多国籍軍　(11) 最前線　(12) 家　(13) 定住　(14) 移る　(15) 半数［半分］　(16) 共存　(17) 相互依存　(18) 命　(19) 危機　(20) 可能性

Part 1 What did Ogata contribute to?

教科書 p.122～123

本文を読もう 意味のまとまりを意識しながら読もう。

❶ [1] There was a Japanese woman / (known as the "diminutive giant.") // [2] Her name was Ogata Sadako. // [3] She was the first female, scholar, and Asian / (to lead the Office of the United Nations High Commissioner for Refugees (UNHCR)). // [4] Ogata worked tirelessly / on behalf of countless refugees around the world. //

〔語注〕known as：～として知られた／diminutive：小さな／giant：巨人／female：女性／scholar：NW 学者／Asian：アジア人／lead：～を率いる／the Office of the United Nations High Commissioner for Refugees：国連難民高等弁務官事務所／tirelessly：NW たゆみなく／on behalf of：KP ～のために／countless：NW 数えきれないほどの／refugees：難民（3 解説）

❷ [5] Generally, / refugees are thought to be people (caught up in conflicts / or persecuted for religious, ethnic, or political reasons). // [6] However, / under international law, / they are defined as people / [who are forced to leave their own country]. // [7] Thus, / those [who are forced to leave their home / but remain within their own country] / are not refugees. // [8] They are regarded as internally displaced people. // [9] In fact, / protecting these people was not UNHCR's core mission. //

〔語注〕Generally：一般的に（5 解説）／are thought to be：～であると思われている／caught up in：KP ～に巻き込まれる／conflicts：NW 紛争／persecuted：NW ～を迫害する／religious：宗教に関する／ethnic：NW 民族的な／political：政治に関する／international law：国際法／are defined as：～と定義されている／forced：NW ～を強いる／are forced to：KP ～せざるを得ない／those：…する人々（7 解説）／remain：NW とどまる／are regarded as：～とみなされている／internally displaced people：国内避難民／In fact：実際／core：NW 中心になる（6 解説）

❸ [10] Under Ogata's leadership, / the goal of UNHCR was clear and consistent. // [11] It was to save the lives of suffering people, / whether they were refugees or internally displaced people. // [12] For almost a decade as the High Commissioner, / she contributed greatly to humanitarian efforts for refugees. //

〔語注〕consistent：一貫性のある／It：＝ the goal of UNHCR（11 解説）／suffering：苦しんでいる／whether ... or ...：～であろうと…であろうと／decade：NW 10年間／High Commissioner：高等弁務官／contributed greatly to：～に大いに貢献した／humanitarian：NW 人道的な／efforts：取り組み，活動

読解のポイント

- ▶ 「小さな巨人」とはだれのことだろうか。
- ▶ 難民とはどんな人たちのことだろうか。
- ▶ UNHCR の目標は何だろうか。

3 She was the first female, scholar, and Asian to lead the office of the United Nations High Commissioner for Refugees (UNHCR).

・the first ～ to *do* は「…した最初の～，初めて…した～」。「～」にあたる female, scholar, and Asian はすべて主語である She (= Ogata Sadako) のこと。

5 Generally, refugees are thought to be people caught up in conflicts or persecuted for religious, ethnic, or political reasons.

・caught up in conflicts と persecuted for ... reasons の２つの過去分詞で始まる句が or で結ばれて，前の名詞 people を修飾している。be caught up in で「～に巻き込まれる」。ここでは過去分詞 caught で始まる句として使われている。people who were caught up in ... の who were が省かれた形と考えるとよい。KP

訳を完成させなさい。
一般的に，難民とは，（　　　　　　　　　　　　）人々だと考えられている。

6 However, under international law, they are defined as people who are forced to leave their own country.

・they はすぐ前の文で出てきた refugees を指す。who 以下の関係代名詞節が people を修飾。be forced to *do* で「～せざるを得ない」。これは〈force + O + to *do*〉「O に強いて～させる，余儀なく～させる」が受動態になったもの。KP

訳を完成させなさい。
しかしながら，国際法の下では，難民とは（

）と定義されている。

7 Thus, those who are forced to leave their home but remain within their own country (S) are not (V) refugees (C).

・those who ... で「…の人々」。who は関係代名詞で，within their own country までが those を修飾しており，長い主語となっている。

訳を完成させなさい。
従って，（　　　　　　　　　　　　　　　　　）は難民ではない。

11 It (S) was (V) to save the lives of suffering people (C), whether they were refugees or internally displaced people.

・文頭の It はすぐ前の文の the goal of UNHCR を指す。to save ... people は「～すること」という意味の名詞的用法の不定詞句で，文の補語となっている。

・whether ～ or ... で「～であろうと…であろうと」という意味。they は文の前半に出てきた suffering people を指す。

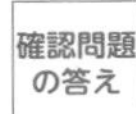
確認問題の答え
5　紛争に巻き込まれたり，宗教的，民族的，あるいは政治的理由で迫害されたりした
6　自国から退去せざるを得ない人々　7　自分の家から退去せざるを得なくても，自国内に留まっている人々

Part 2 What did Ogata do for Kurdish people in Iraq?

教科書 p.124～125

本文を読もう 意味のまとまりを意識しながら読もう。

❹ [1]In 1991, / Ogata took office as the High Commissioner. // [2] At that time, / the Gulf War had just ended, / and Kurdish people in Iraq were being persecuted. // [3] Within days, / about 1.8 million of them headed to the borders of neighboring countries. // [4] Ogata immediately flew to the region from Geneva, / Switzerland. //

（took office：KP 就任する／as：～として／At that time：当時（は）→解説／the Gulf War：湾岸戦争／Kurdish：クルド人の／were being persecuted：迫害されていた／Within days：数日のうちに →解説／million：100万／headed to：～に向かった／borders：国境／neighboring：NW 隣の／immediately：すぐに／flew to：飛行機で～に行った／region：地域）

❺ [5] In response to this crisis, / Iran accepted about 1.3 million of these Kurdish refugees. // [6] However, / the remaining people headed for Turkey / but were not able to cross the border. // [7]Since they were not officially refugees, / they were ineligible for protection by UNHCR. // [8] Accordingly, / Ogata was faced with a huge dilemma. //

（In response to：KP ～に対処して／response：NW 反応／crisis：NW 危機／remaining：NW 残りの／headed for：～に向かった／were not able：～することができなかった／cross the border：国境を越える／Since：～なので →解説／officially：NW 正式に／ineligible：NW 資格のない／protection：NW 保護／Accordingly：それで，その結果／was faced with：KP ～に直面した／huge：非常に大きな／dilemma：NW ジレンマ）

❻ [9]The humanitarian leader made a revolutionary decision. // [10] She stated, / "Whether they are refugees or not, / UNHCR should protect these suffering people." // [11] She contacted the US president and coalition forces, / and requested that they should protect the Kurdish people. // [12] As a result, / a safe haven was established for them inside Iraq. // [13] After that experience, / Ogata faced many other international crises with the motto, / "human life first." //

（The humanitarian leader →解説／revolutionary：NW 画期的な／She stated →解説／Whether ... or not：…であろうとなかろうと／contacted：NW 接触する →解説／coalition forces：多国籍軍／requested：NW ～を要請する／requested that they should：KL …することを要請する／As a result：結果として／safe：安全／haven：地帯／established：～を設置する／them：= the Kurdish people／international crises：国際危機／motto：NW モットー，主義）

読解のポイント

- ▶ 緒方さんが高等弁務官に就任したころにはどんな出来事があったのだろうか。
- ▶ 緒方さんが直面したジレンマとはどのようなものだったのだろうか。
- ▶ 緒方さんが下した決断とはどのようなものだったのだろうか。

2 At that time, the Gulf War had just ended, and Kurdish people in Iraq were being persecuted.

・were being persecuted は過去進行形の受動態〈be 動詞の過去形 + being + 過去分詞〉。「迫害されていた」という意味になる。

訳を完成させなさい。

当時，湾岸戦争が（　　　　　　　　　　　　　　　　　　　　　　）。

3 Within days, about 1.8 million of them headed to the borders of neighboring countries.

・them はすぐ前の文で出てきた Kurdish people (in Iraq) を指す。

訳を完成させなさい。

数日のうちに，（　　　　　　　　　　　　　　　　　　　　　　）。

7 Since they were not officially refugees, they were ineligible for protection by UNHCR.

・文頭の Since は理由を表す接続詞。「…なので」の意味になる。

・2つの they はどちらもすぐ前の文の the remaining people を指す。

訳を完成させなさい。

彼らは（　　　　　　　　　　　　　　　　　　　　　　）。

9 The humanitarian leader made a revolutionary decision.

・The humanitarian leader は緒方さんのことを言ったもの。

・made a revolutionary decision は，made a decision「決断を下した」の表現に revolutionary が加わったもの。「画期的な決断を下した」という意味になる。

10 She stated, "Whether they are refugees or not, UNHCR should protect these suffering people."

・She はすぐ前の文の The humanitarian leader（＝緒方さん）を指す。

・whether ～ or not は「～であろうとなかろうと」の意味。

訳を完成させなさい。

彼女は,「彼らが（　　　　　），UNHCR は（　　　　　）です。」と述べた。

11 She contacted the US president and coalition forces, and requested that they should protect the Kurdish people.

・She は 10 の文の She と同じで，緒方さんを指している。

・〈request that + S + (should) *do*〉で「S が～することを要請する」。**KL**

訳を完成させなさい。

彼女は（　　　　　　　　　　　　　　　　　　　　　　）。

確認問題の答え

2 ちょうど終わったところで，イラク(国内)のクルド人たちが迫害を受けていた　3 彼らのうちの約 180 万人が隣接する国々の国境に向かった　7 正式に(は)難民ではないので，UNHCR の保護を受ける資格がなかった　10 難民であろうとなかろうと / これらの苦しんでいる人々を保護するべき　11 アメリカ大統領や多国籍軍と接触し，クルド人たちを保護するよう要請した

Part 3 What do refugees really want?

教科書 p.126～127

本文を読もう 意味のまとまりを意識しながら読もう。

❼ [1] Ogata consistently visited the front lines of trouble spots / (to see the situation
NW 一貫して　NW 最前線　～するために
with her own eyes). // [2] During the Kosovo War, / a young boy asked her, / "Ms.
自分自身の目で　～の間
Ogata, / when can I go back home?"// [3] These words made her realize [what
KP 帰る　➲解説　V　O　…であると彼女に気づかせた
refugees really wanted]. // [4] For them, / refugee camps are just a temporary place, /
= refugees　NW 一時的な
not a final destination. //
目的地

❽ [5] Refugees want to go back to their home more than anything else. // [6] If peace
KP 何よりも　➲解説　もし～なら
returned, / they could do so. // [7] Unfortunately, / their hopes are not always
= refugees　➲解説 残念ながら　いつも～とは限らない
realized, / and they are often faced with two options. // [8] One is to settle in the
= refugees　NW 選択肢　➲解説　～に定住する　KP 1つは～，もう1つは…
country [they first escaped to], / and the other is to relocate to another country. //
逃げる　NW 移る　～へ移る
[9] Whichever option they took, / they would still need to rebuild their lives. //
➲解説 NW どちらの～でも　= refugees　NW ～を再建する

❾ [10] At refugee camps, / UNHCR offers opportunities for education / in addition to
機会　～に加えて
food and medical care. // [11] In fact, / about half of all refugees are children. //
実際に　～の約半数
[12] It is extremely important / that they receive an education for their future. //
➲解説 KL　= children

読解のポイント

▶ 難民たちが本当に望んでいることは何だったのだろうか。

▶ 難民がしばしば直面する２つの選択肢とはどのようなものだろうか。

▶ 難民キャンプにおいて，UNHCR が提供するものは何だろうか。

3 These words made her realize what refugees really wanted.

・These words はすぐ前の文の少年の言葉を指す。made her realize は〈make + O + 原形不定詞〉「O に～させる」の形。what 以下は関係代名詞節で，realize の目的語。

訳を完成させなさい。

この言葉は彼女に，（　　　　　　　　　　　　　　　　　　　　　　　　）。

6 If peace returned, they could do so.

・do so「そうする」とは，すぐ前の文の go back to their home を指す。

訳を完成させなさい。ただし，they と do so の内容を示すこと。

もし（　　　　　　　　　　　），（　　　　　　　　　　　　　　　　）。

7 Unfortunately, their hopes are not always realized, and they are often faced with two options.

・not always は「いつも［必ずしも］～とは限らない」という意味の部分否定。

訳を完成させなさい。

残念ながら，（　　　　　　　　　　　），彼らは（　　　　　　　　　　　）。

8 One is to settle in the country they first escaped to, and the other is to relocate to another country.

・one ～ , (and) the other ... は「1つは～，もう1つは…」という表現。KP ここでの One と the other はすぐ前の文の two options のうちの one「1つ」と the other「もう1つ（＝残りの1つ）」ということ。

・they ... to は the country を修飾。前置詞 to の目的語が the country という関係。

訳を完成させなさい。

1つは（　　　　　　　　　　　）で，もう1つは（　　　　　　　　　　）だ。

9 Whichever option they took, they would still need to rebuild their lives.

・Whichever option ...「どちらの選択肢を…しようとも」という譲歩を表す。

訳を完成させなさい。

どちらの（　　　　　　　），彼らは依然として（　　　　　　　　）だろう。

12 It is extremely important that they receive an education for their future.

・〈It is ～ that + S' + (should) *do*〉「S' が…することは～だ」の文。It は形式主語で，that 節が真主語となる。KL they はすぐ前の文で出てきた children を指す。

訳を完成させなさい。ただし，they の内容を示すこと。

（　　　　　　　　　　　　　　　　）は（　　　　　　　　　　　　　　）。

確認問題の答え

3 難民たちが本当に望んでいることに気づかせた　6 平和が戻れば / 難民たちは（自分たちの）家に帰れるだろう　7 彼らの望みがいつも［必ずしも］叶うとは限らず / しばしば2つの選択肢に直面する　8 最初に逃れた国に定住すること / 別の国に移ること　9 選択肢を（彼らが）選ぼうとも / （自分たちの）生活を再建する必要がある　12 子どもたちが（自分たちの）将来のために教育を受けること / 非常に重要である

Part 4 What was Ogata's philosophy?

教科書 p.128～129

本文を読もう 意味のまとまりを意識しながら読もう。

⑩ [1] Ogata regarded the 21st century / as the age of co-existence and interdependence. // [2] She believed [we should respect individuals and protect life / beyond national boundaries]. // [3] In a speech, / she urged: /

～を…とみなす　共存　相互依存　S V O　NW 個人　～を越えて　NW 境界線　NW 力説する

[4] Respect your own commitment (to protect the poorest of the poor, / those who have lost their homes). // [5] Respect humanitarian workers, / [who are with them on the front lines]. // [6] And above all, / respect refugees. //

➲解説　～を尊重する　NW 約束　～するという　最貧困層の人々　…の人々　➲解説　人道支援活動を行う職員たち　最前線　KP 何よりも

➲解説

⑪ [7] For Ogata, / a crisis was something (to be overcome). // [8] A close colleague once called her from a country in Africa. // [9] He asked, / "Should we stay here protecting refugees / even at the risk of our own lives?" // [10] Ogata advised, / "You should stay / if there is even a slight possibility (to save refugees)." //

NW ～を乗り越える　NW 同僚　➲解説　KP ～の危険を冒して　NW わずかな　NW 可能性

⑫ [11] Even after leaving UNHCR, / she devoted herself to supporting suffering people in various ways. // [12] Sadly, / she passed away in October 2019. // [13] The loss of this diminutive giant was deeply mourned / around the world. // [14] Her words and philosophy remain in the hearts of countless people / and still encourage those working for refugee protection. //

NW ～を専念させる　KP ～に献身する　さまざまな方法で　悲しいことに　亡くなった　➲解説　NW 死　NW ～を悼む　NW 信条　KP ～する人々　保護

読解のポイント

- ▶ 緒方さんは 21 世紀をどのような時代だとみなしていたのだろうか。
- ▶ 緒方さんにとって危機とはどのようなものだったのだろうか。
- ▶ 緒方さんは UNHCR を去ったあと，どうしたのだろうか。

4 *Respect your own commitment to protect the poorest of the poor, those who have lost their homes.*
（the poorest of the poor と those：同格）

・to 以下の不定詞句は前の名詞 commitment を修飾しており，「～を守るという約束」という意味になる。those who は「…の人々」の意味で who 以下が those を修飾しており，この those は the poorest of the poor と同格の関係にある。

訳を完成させなさい。
（　　　　　　），つまり（　　　　　　）を（　　　　）あなた自身の約束を（　　　　　　）。

5 *Respect humanitarian workers, who are with them on the front lines.*

・who は継続用法の関係代名詞。who 以下は Respect humanitarian workers の理由を表している。them はすぐ前の文の the poorest of the poor を指す。

訳を完成させなさい。ただし，them の内容を示すこと。
（　　　）を尊重してください。彼らは（　　　　　　）のですから。

7 For Ogata, a crisis was something to be overcome.

・something to *do* は「～すべきもの」。to be overcome は不定詞の受動態で，「乗り越えられるべきもの」の意味になるが，「乗り越えるべきもの」と能動態に訳すほうが自然な表現になる。

9 He asked, "Should we stay here protecting refugees even at the risk of our own lives?"

・protecting は「～を保護しながら」。at the risk of は前に even がついているので，「～の危険を冒してでも」という意味になる。**KP**

訳を完成させなさい。
彼は，「私たちは（　　　　　　　　　　　　）」と尋ねた。

14 Her words and philosophy remain in the hearts of countless people and still encourage those working for refugee protection.

・those *do*ing は「～する人々」の意味。working 以下は現在分詞で始まる句で，前の代名詞 those「人々」を修飾している。**KP**

確認問題の答え

4 最貧困層の人々 / 自分の家を失った人々 / 守るという / 尊重してください　5 人道支援活動を行う職員たち / 最前線で，最貧困層の人々とともにいる　9 自分たちの命の危険を冒してでも，ここにとどまって難民たちを保護するべきでしょうか

LESSON 8

文法のまとめ

動詞の形Ⅳ（仮定法） 〔→教科書 p.189〕

① 事実と異なることを表現したいとき

・現在の事実と異なる内容を仮定して，「もし(今)～ならば，…する［できる］だろう」という意味を表すときは，〈If S *did* ～ , S' would[could] *do* ....〉の形で表す。
・このような言い方を仮定法という。現在の事実に反することを言うときに使うのが仮定法過去と呼ばれるもので，if 節の動詞は過去形にし，主節の動詞を〈助動詞の過去形＋動詞の原形〉の形にする。「過去」という呼び名がついているが，「現在」の事実に反する内容であることに注意。
・また，if 節で使う be 動詞は，主語の人称や数に関係なく，普通，were が使われる。

If S *did* ～ , S' would[could] *do* .... 「もし(今)～ならば…する［できる］だろう」

・If peace returned, refugees could go back to their home.〔p.126, 6〕
（もし平和が戻れば，難民たちは彼らの家に帰れるだろう。）

If S had *done* ～ , S' would[could] have *done* .... 「もし(あのとき)～だったなら…した[できた]だろう」

・If it hadn't rained yesterday, we could have gone fishing.
（もし昨日雨が降っていなかったら，私たちは釣りに行けただろう。）

If S *did* ～ , S' would[could] have *done* .... 「もし(今)～ならば…した[できた]だろう」

・If you were Ogata, how would you have helped the internally displaced people?
〔p.125, Your Opinion〕
（もしあなたが緒方さんなら，あなたはどのようにして国内で難民となっている人々を助けましたか。）

演習問題

❶ 日本語に合うように，（ ）に適する語を書きなさい。

(1) もしもっと時間があれば，私はこの本を読むのに。
If I ( ) more time, I ( ) ( ) this book.

(2) もしあなたがここにいれば，私たちは一緒に楽しめるのに。
If you ( ) here, we ( ) ( ) ourselves together.

(3) もし彼が手伝ってくれたら，私たちはこの仕事を今日終えられるのに。
If he ( ) us, we ( ) ( ) this work today.

(4) もし学校の近くに住んでいたら，私は歩いて登校するのに。
If I ( ) near my school, I ( ) ( ) there.

❷ 英文を日本語にしなさい。

(1) If I were you, I would never do such a thing.
( )

(2) If I knew the truth, I would tell it to you.
( )

(3) If I were a bird, I could fly anywhere.
( )

❸ 日本語に合うように，（ ）内の語句を並べかえて英文を完成させなさい。

(1) もし何が起こったか彼が知っていたら，すぐにここに来るだろうに。
If (what happened / he / come / knew / would / he / ,) here at once.

____

(2) もしもっとお金があれば，この本を買えるのに。
If (more money / I / with me / could / had / I / buy / ,) this book.

____

(3) もし歌うのが上手なら，私は彼らと一緒にカラオケに行くのに。
If (good / singing / were / I / go / would / I / at / ,) to karaoke with them.

____

演習問題の答え ❶ (1) had, would read (2) were, could enjoy (3) helped, could finish (4) lived, would walk ▶ (1) ~ (4) If S *did* ~ , S' would[could] *do* ....「もし(今)~ならば…する[できる]だろう」の形で表す。 ❷ (1) もし私があなたなら，決してそんなことはしないのに。 (2) もし私が本当のことを知っていたら，それをあなたに話すのに。 (3) もし私が鳥だったら，どこへでも飛んで行けるのに。 ❸ (1) (If) he knew what happened, he would come (here at once.) (2) (If) I had more money with me, I could buy (this book.) (3) (If) I were good at singing, I would go (to karaoke with them.) ▶ (1) ~ (3) If S *did* ~ , S' would[could] *do* ....「もし(今)~ならば…する[できる]だろう」の形で表す。

② 提案や要求・命令などを表現したいとき

提案や要求・命令などを言い表したいときは，request や suggest などの動詞のあとに that 節を続けるとよい。このとき，that 節の動詞は〈should ＋動詞の原形〉または，should を省略して，(主語の人称や数にかかわらず)動詞の原形を使う。

request[suggest, etc.] that S (should) *do*「S が～することを要求する [提案する ,etc.]」

・Ogata contacted the US president and coalition forces, and requested that they should protect the Kurdish people.〔p.124, **11**〕
(緒方さんはアメリカ大統領や多国籍軍と接触し，クルド人たちを保護するよう要請した。)

・My father suggested that I (should) visit my grandparents with him.〔p.134〕
(私の父は，私が一緒に祖父母を訪ねることを提案した。)

・Ami recommended that we (should) go to an amusement park.〔p.134, **Q1**〕
(アミは，私たちが遊園地へ行くことを勧めた。)

・Tomomi insisted that we (should) go to a music festival.〔p.134, **Q1**〕
(トモミは私たちが音楽祭へ行くことを主張した。)

※動詞は他に，advise, propose, order, desire, demand, require などが用いられる。

③ 必要性・重要性などを表現したいとき

必要性・重要性などを言い表したいときは，important や necessary などの形容詞を使って，〈It is ＋形容詞＋ that 節〉の形で表す。文頭の it は形式主語で，真主語は that 節となる。また，that 節の動詞は〈should ＋動詞の原形〉または，should を省略して，(主語の人称や数にかかわらず)動詞の原形を使う。

It is important[necessary, etc.] that S (should) *do*「S が～することが重要だ[必要だ , etc.]」

・It is extremely important that the children receive an education for their future.〔p.126, **12**〕
(子どもたちが将来のために教育を受けることは非常に重要だ。)

・It is important that she (should) do it by herself.〔p.134〕
(彼女がそれを自分ですることが重要だ。)

※形容詞は他に，right, proper, essential, desirable などが用いられる。

演習問題

❶ 日本語に合うように，( ) に適する語を書きなさい。

(1) 彼はみんなが部屋から出ていくことを要求した。
He ( ) ( ) everyone ( ) go out of the room.

(2) 私はあなたがそこへバスで行くことを勧めます。
I ( ) ( ) you ( ) go there by bus.

(3) 彼はそれを自分ですると言い張った。
He ( ) ( ) he ( ) it by himself.

(4) 私たちがお互いに助け合うことが重要だ。
( ) is important ( ) we ( ) help each other.

❷ 英文を日本語にしなさい。

(1) The doctor advised that I eat breakfast every morning.
( )

(2) I suggest that we should introduce ourselves to each other first.
( )

(3) It is desirable that you should read this book before the exam.
( )

❸ 日本語に合うように，( ) 内の語句を並べかえて英文を完成させなさい。

(1) 先生はすべての生徒が式典に参列することを要求した。
The teacher (every student / that / the ceremony / required / attend).

____

(2) 彼は私たちがそのレストランで昼食を食べることを提案した。
He (that restaurant / proposed / we / lunch / that / have / at).

____

(3) 私たちが真実を知ることが必要だ。
(know / should / necessary / is / that / it / we) the truth.

____

演習問題の答え ❶ (1) requested that, should (2) recommend that, should (3) insisted that, do ▶ (1) ~ (3) request[recommend, insist] that S (should) *do*「Sが～することを要求する[勧める，主張する]」の文。 (4) It, that, should ▶ It is important that S (should) *do*「Sが～することが重要だ」の文。 ❷ (1) 医者は私に毎朝朝食を食べるように助言した。 (2) (私は，私たちが) まずお互いに自己紹介することを提案します。 (3) あなたがこの本を試験の前に読むことが望ましい。 ❸ (1) (The teacher) required that every student attend the ceremony(.) (2) (He) proposed that we have lunch at that restaurant(.) (3) It is necessary that we should know (the truth.)

Key Phrases のまとめ

(ページ)

122	□ **on behalf of**	〜のために
	They are making great efforts *on behalf of* refugees. (彼らは難民のために多大なる努力をしている)	
122	□ **(be) caught up in**	〜に巻き込まれる
	He *was caught up in* traffic congestion. (彼は交通渋滞に巻き込まれた)	
122	□ **be forced to *do***	〜せざるを得ない
	They *were forced to escape* from their country. (彼らは自分たちの国から脱出せざるを得なかった)	
124	□ **take office**	着任する
	A new manager will *take office* next week. (来週，新しい管理者が着任する)	
124	□ **in response to**	〜に対処して
	In response to emails from customers, they posted an apology. (顧客からのメールに対処して，彼らは謝罪文を掲載した)	
124	□ **be faced with**	〜に直面する
	They *were faced with* food problems. (彼らは食糧問題に直面していた)	
126	□ **go back**	帰る
	I have to *go back* at once. (私はすぐに帰らなければならない)	
126	□ **more than anything else**	何よりも
	Health is *more* important *than anything else*. (健康は何よりも大切だ)	
126	□ **one 〜, (and) the other …**	1つは〜，もう1つは…
	▶ 2つある物や人について言う。	
128	□ **above all**	何よりも
	They need, *above all*, drinking water. (彼らは何よりも飲用水が必要だ)	
128	□ **at the risk of**	〜の危険を冒して
	He tried to save the drowning child *at the risk of* his life. (彼は自分の命の危険を冒して，溺れかけている子どもを救おうとした)	
128	□ **devote *one*self to**	〜に献身する
	She *devoted herself to* her medical duties. (彼女は医療職務に献身した)	
128	□ **those *doing***	〜する人々
	▶ those who ... や those with ... などと同様，those が「人々」の意味を表す。	

演習問題

❶ 日本語に合うように，空所に適語を書きなさい。

(1) 彼らは旅行中にトラブルに巻き込まれた。
They were (　　　　　) (　　　　　) in trouble during their trip.

(2) 人々からのコメントに対処して，彼は自分の意見を投稿した。
(　　　　　) (　　　　　) to people's comments, he posted his opinion.

(3) 彼はいくつかの難題に直面した。
He was (　　　　　) (　　　　　) some difficulties.

(4) 彼はもうすぐカナダに帰る。He will (　　　　　) (　　　　　) to Canada soon.

(5) 彼女には２つの夢がある。１つは留学することで，もう１つは医者になることだ。
She has two dreams. (　　　　　) is to study abroad, and the (　　　　　) is to be a doctor.

(6) 私はいくつかの国を訪れた。何よりもスイスが気に入った。
I visited some countries. I liked Switzerland (　　　　　) (　　　　　).

(7) 彼らは困っている人々を支えることに献身した。
They (　　　　　) (　　　　　) to supporting people in need.

❷ 英文を日本語にしなさい。

(1) He is going to work on behalf of the refugees.
(　　　　　　　　　　　　　　　　　　　　　　　　)

(2) They were forced to stay there for a month.
(　　　　　　　　　　　　　　　　　　　　　　　　)

(3) He took office as our new leader.
(　　　　　　　　　　　　　　　　　　　　　　　　)

(4) She likes singing more than anything else.
(　　　　　　　　　　　　　　　　　　　　　　　　)

(5) He saved his son at the risk of his life.
(　　　　　　　　　　　　　　　　　　　　　　　　)

(6) Those working as volunteers are all students.
(　　　　　　　　　　　　　　　　　　　　　　　　)

演習問題の答え ❶ (1) caught up (2) In response (3) faced with (4) go back (5) One, other (6) above all (7) devoted themselves ❷ (1) 彼は難民(たち)のために働くつもりだ。 (2) 彼らはそこに１か月(間)とどまらざるを得なかった。 (3) 彼は私たちの新しいリーダーとして着任した。 (4) 彼女は何よりも歌うことが好きだ。 (5) 彼は自分の命の危険を冒して息子を救った。 (6) ボランティアとして働いている人々はみな学生だ。

定期テスト対策問題

❶ 日本文に合う英文になるように，空所に適する語を書きなさい。

□(1) 顧客からの問い合わせに対処して，彼らは彼にカタログを送った。
In ________ ________ the inquiry from a customer, they sent him their catalog.

□(2) 彼らは困難な状況に直面していた。
They were ________ ________ a difficult situation.

□(3) あなたは，何よりも健康に気をつけなくてはなりません。
You have to be careful about your health ________ ________.

□(4) 彼らは自分たちの命の危険を冒して，難民たちを救おうとした。
They tried to save refugees ________ the ________ of their own lives.

❷ 各組の英文がほぼ同じ内容を表すように，空所に適する語を書きなさい。

□(1) It is necessary for you to choose two optional subjects.
It is necessary ________ ________ choose two optional subjects.

□(2) They took care of those who were suffering from diseases.
They took care of ________ ________ from diseases.

❸ 日本文に合う英文になるように，(　) 内の語句を並べかえなさい。

□(1) 彼は予期せぬトラブルに巻き込まれた。
He (caught / in / trouble / was / unexpected / up).
He ____.

□(2) 彼らはその国を去らざるを得なかった。
They (forced / country / leave / to / that / were).
They ____.

❹ 英文を日本文にしなさい。

□(1) They are making tireless efforts on behalf of refugees.
____

□(2) The new principal will take office tomorrow.
____

□(3) She devoted herself to volunteer activities.
____

❺ 日本文を英文にしなさい。ただし，(　) 内の語を使うこと。

□(1) 彼は，私たちが彼の個人情報を保護することを要請した。(requested)

□(2) これらの難民キャンプは家を失った人々のためのものだ。(those)

読解

❻ 次の英文を読んで，あとの問いに答えなさい。

Ogata consistently visited the front lines of trouble spots to see the situation with her own eyes. During the Kosovo War, a young boy asked her, "Ms. Ogata, when can I go back home?" These words made her realize what refugees really wanted. For them, refugee camps are just a temporary place, not a final destination.

①Refugees want to go back to their home more than anything else. If peace returned, they could do so. Unfortunately, their hopes are not always realized, and they are often faced with ②two options. One is to settle in the country they first escaped to, and the other is to relocate to another country. (　③　) option they took, they would still need to rebuild their lives.

At refugee camps, UNHCR offers opportunities for education in addition to food and medical care. In fact, about half of all refugees are children. ④It is extremely important that they receive an education for their future.

(1) 下線部①・④を日本語にしなさい。ただし，④は they の内容を示すこと。

□①

□④

□(2) 下線部②の内容を日本語で書きなさい。

＿＿＿＿＿＿＿＿という２つの選択肢。

□(3) 本文の流れに合うように，(　③　) に適切な語を次から１つ選び，記号で答えなさい。

ア What　イ Which　ウ However　エ Whichever　(　　)

(4) 次の質問に英語で答えなさい。

□(a) Why did Ogata consistently visit the front lines of trouble spots?

□(b) During the Kosovo War, what did a young boy's words make Ogata realize?

They ＿＿＿＿＿＿＿＿.

LESSON 8

定期テスト対策問題の解答・解説

❶ (1) response to　(2) faced with　(3) above all　(4) at, risk

解説 (1) 「～に対処して」は in response to。
(2) 「～に直面している」は be faced with。
(3) 「何よりも」は above all。
(4) 「～の危険を冒して」は at the risk of。

❷ (1) that you　(2) those suffering

解説 (1) 「2つの選択科目を選ぶことがあなたにとって必要です」という文を，〈it is ～ that + S' + (should) *do*〉「S' が…することは～だ」の文で表す。空所には that と you を入れる。
(2) 「彼らは病気で苦しんでいる人々を世話した」という文を，those *do*ing「～する人々」の表現を使って書きかえる。

❸ (1) (He) was caught up in unexpected trouble(.)
(2) (They) were forced to leave that country(.)

解説 (1) 「～に巻き込まれる」は be caught up in で表す。
(2) 「～せざるを得ない」は be forced to *do* で表す。

❹ (1) 彼らは難民（たち）のためにたゆまぬ努力をしている。
(2) 新しい校長が明日着任する。
(3) 彼女はボランティア活動に献身した。

解説 (1) on behalf of は「～のために」の意味を表す。
(2) take office は「着任する」の意味を表す。
(3) devote *one*self to は「～に献身する」の意味を表す。

❺ (1) He requested that we (should) protect his personal information.
(2) These refugee camps are for those who (have) lost their homes[houses].

解説 (1) 「…することを要請する」は request that + S + (should) *do* で表す。過去の内容なので，requested を使う。
(2) those を使うよう指示があるので，those who ... 「…の人々」で表す。

❻ (1)① 難民たちは，何よりも，自分の家に帰りたがっている。
④ 子ども(たち)が将来のために教育を受けることは非常に重要である。
(2) 最初に逃れてきた国に定住するか，ほかの国に移るか(という２つの選択肢。)
(3) エ
(4)(a) To see the situation with her own eyes.
(b) (They) made her realize what refugees really wanted(.)

解説 (1)① want to *do*「～したい」，go back to「～に帰る」，more than anything else「何よりも」。
④ 〈it is ～ that + S' + (should) *do*〉「S' が…することは～だ」の文。they はすぐ前の文の children を指す。
(2) 下線部は「２つの選択肢」という意味。すぐあとの文に，one ～ , and the other ...「１つは～，もう１つは…」の形で２つの選択肢が示されているので，その内容を答える。
(3) (　　) option they took, の部分が，「彼ら(＝難民たち)がどちらの選択肢を選ぼうと」という譲歩の意味になるようにすると，文の後半部分とうまくつながる。この意味を表すのは，whichever である。
(4)(a) 「なぜ緒方さんは紛争地の最前線に絶えず足を運んだのですか」という質問。本文第１段落の最初の文参照。この文の to see 以下は「～するために」という目的の意味の副詞的用法の不定詞句で，質問の答えとなる。
(b) 「コソボ紛争下において，ある少年の言葉は緒方さんに何を気づかせましたか」という質問。本文第１段落の２番目と３番目の文参照。２番目の文で少年の言葉が示され，３番目の文でその言葉が緒方さんに気づかせたことが述べられている。

LESSON 9

Tackling Global Warming

Preview

Introduction

地球温暖化対策がテーマ。プレゼンテーションやそれに対する質問と答えを通して，地球温暖化対策のための新しい技術とはどのようなものかを知り，実現の可能性や，予想される短所などを読み取りながら，地球温暖化対策について考えよう。

● Part 別に Summary を完成させよう ……………>

Part 1 トモカの提案は何だろう。

トモカは（　(1)　）に関する発表をしている。ジオエンジニアリングとは，（　(2)　）を操作して地球の（　(3)　）を制御する技術の総称である。この技術で最も実現の可能性が高い方法の1つは，太陽放射管理（SRM）というもので，それは（　(4)　）を宇宙空間に反射させるものである。SRM を実践するために可能性の高い方法は，特別な（　(5)　）物質であるエアロゾルを大気の上層に散布することである。

Part 2 SRM にはどんな問題点があるのだろう。

サムはトモカに，SRM に問題点はないのかどうか質問する。実際に考えられる問題点が3つある。第一に，エアロゾルは最終的に（　(6)　）から落下するので，定期的な散布が必要となる。第二に，SRM は（　(7)　）に予期せぬ結果をもたらすかもしれない。最後に，この方法では，すでに大気中に存在している（　(8)　）の量を減らすことはできない。それを解決する直接的な方法の1つは（　(9)　）を用いることで，すでに（　(10)　）で実用化されている。

Part 3 「テラフォーミング」とは何だろう。

エマがトモカに将来的にジオエンジニアリングが大規模に実現されるのかと質問する。そのためには，ジオエンジニアリングに関する技術を研究することが役立つかもしれない。「テラフォーミング」はある（　(11)　）を（　(12)　）可能にすることを目指す技術である。（　(13)　）は最も地球によく似た惑星であるため，テラフォーミングにとって理想的な環境を提供してくれると考えられている。（　(14)　）を研究することは，（　(15)　）のさらなる発展へとつながるだろう。

Part 4 3人の生徒のうち，ジオエンジニアリングに否定的なのはだれだろう。

生徒たちがジオエンジニアリングに関して意見を述べる。ヒロトはジオエンジニアリングが（　(16)　）を止める最良の方法だとは思っていない。問題の根本的な（　(17)　）を見つけ，人々の（　(18)　）を高めることが重要で，それが地球温暖化の真の解決策になるだろうと言う。エマは，ジオエンジニアリングは（　(19)　）に悪影響をもたらしかねないが，温室効果ガスの排出を削減する努力をしつつ，ジオエンジニアリングの方法を取り入れてはどうだろうかと言う。サムは，ジオエンジニアリングには国際的な（　(20)　）が必要で，同じ目標に向かって努力することで，世界は1つにまとまることができると話す。

Overview

● 各Partについて，適切なタイトルを選んでみよう …………>

1. a. The Merits and Demerits of Geoengineering
   b. A Practicable Approach in Geoengineering
   c. The History of Geoengineering
2. a. SRM: Drawbacks and a Possible Solution
   b. How SRM Is Practiced in the World
   c. Problems of Using Machines in Geoengineering
3. a. Mars' Influence on Earth
   b. The Reasons Why People Want to Live on Mars
   c. How to Make Mars Habitable
4. a. Students' Discussion on Global Cooperation
   b. Students' Opinions on Geoengineering Projects
   c. Students' Reviews of Tomoka's Presentations

Hint 1. Part 1では「ジオエンジニアリグで実現の可能性が高い方法とはどんなものか」が述べられている。 a. merit「長所」 demerit「短所」 b. practicable「実行可能な」

2. Part 2では「SRMの問題点とその解決策」について述べられている。
a. drawback「欠点」 b. practice「～を実践する」

3. Part 3では「テラフォーミングと火星におけるテラフォーミングの実践方法」について述べられている。 a. influence on「～への影響」 c. habitable「居住可能な」

4. Part 4では「生徒たちのジオエンジニアリングに関する意見」が述べられている。
a. global cooperation「国際協力」 c. review「評価」

● Summary 完成問題の答え ………> (1) ジオエンジニアリング (2) 自然 (3) 気候 (4) 太陽光 (5) 反射（する） (6) 大気 (7) 気候 (8) 二酸化炭素 (9) 工業技術 (10) スイス (11) 惑星 (12) 居住 (13) 火星 (14) テラフォーミング (15) ジオエンジニアリング (16) 地球温暖化 (17) 原因 (18) 意識 (19) 環境 (20) 協力

Part 1 What is Tomoka's suggestion?

教科書 p.138 ～ 139

本文を読もう 意味のまとまりを意識しながら読もう。

[1] *Tomoka is giving a presentation on geoengineering. //*

Tomoka:[2] Today, / I'm going to talk to you about "geoengineering." // [3] It is a general term for technologies [that can manipulate nature and control the Earth's climate]. // [4] The most serious problem for our planet / is the increase of greenhouse gases / [that can cause global warming]. // [5] In fact, / carbon dioxide (CO_2) accounts for a significant percentage of these gases. // [6] The world has long tried to cut CO_2 emissions in various ways. // [7] However, / it has not been very successful, / so people are now focusing on geoengineering. //

ジオエンジニアリング，気候[地球]工学　NW 用語　NW 全体的な　技術　～を操作する　NW 惑星　増加　温室効果ガス　地球温暖化　実際　KP ～を占める　NW かなりの　= greenhouse gases　NW 排出　さまざまな方法で　～に重点を置く

[8] One of the most practicable approaches in geoengineering / is Solar Radiation Management (SRM), / reflecting sunlight into space. // [9] Clouds, the atmosphere, and all of Earth's surfaces / reflect about 30% of the energy from the sunlight (reaching Earth). // [10] This is how they protect us from too much solar heat. // [11] So, / one possible way of applying SRM / is to release special reflective aerosols into the upper atmosphere. // [12] They would reflect more energy from the sunlight into space. // [13] Introducing SRM could address global warming quickly and effectively. //

NW 実行可能な　方法，手法　NW 太陽の　NW 放射　NW 管理　～を反射する　太陽光　宇宙（空間）　NW 大気　表面　このようにして　KP ～を…から守る　～を適用する　～を散布する　NW 反射の　エアロゾル　NW 上部の　= special reflective aerosols　～を導入する　～に対処する

読解のポイント

- ▶ ジオエンジニアリングとは何だろうか。
- ▶ 私たちの惑星にとって最も深刻な問題は何だろうか。
- ▶ 太陽放射管理（SRM）とはどのようなものだろうか。

3 It is a general term for technologies that can manipulate nature and control the Earth's climate.

・It はすぐ前の文の geoengineering を指す。general term for 〜は「〜の総称，〜の一般的な言い方」。that は関係代名詞で，that 以下が technologies を修飾。

訳を完成させなさい。ただし，It の内容を示すこと。
（　　　　　）は，（　　　　　　　　　　　　　　　　　　　）である。

4 The most serious problem for our planet (S) is (V) the increase of greenhouse gases that can cause global warming. (C)

・The most ... our planet が文の主語。〈S + V + C〉の文で，the increase ... gases が C。that は関係代名詞で，that 以下が greenhouse gases を修飾している。なお，our planet とは地球のことを指している。

8 One of the most practicable approaches in geoengineering is Solar Radiation Management (SRM), reflecting sunlight into space.

・〈one of the + 最上級 + 複数名詞〉で「最も〜な…の 1 つ」。「,」のあとの reflecting 以下は現在分詞で始まる句で，Solar Radiation Management (SRM) に関する説明。

訳を完成させなさい。
（　　　　　）は，太陽放射管理（SRM）だが，それは（　　　　　）ものだ。

10 This is how they protect us from too much solar heat.

・This is how は「このようにして…」の意味だが，This はすぐ前の文の内容を指し，how 以下は関係副詞節である。they はすぐ前の文の Clouds, the atmosphere, and all of Earth's surfaces を指す。protect 〜 from ... で「〜を…から守る」。**KP**

訳を完成させなさい。ただし，they の内容を示すこと。
このようにして，（　　　　　　　　　　　　　　　　　　　　　）。

11 So, one possible way of applying SRM (S) is (V) to release special reflective aerosols into the upper atmosphere. (C)

・to release は名詞的用法の不定詞で，to release 以下が文の補語になっている。

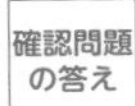

3 ジオエンジニアリング / 自然を操作して，地球の気候を制御することができる技術の総称
8 ジオエンジニアリングにおいて最も実行可能な方法の 1 つ / 太陽光を宇宙空間に反射させる
10 雲や大気，地球の表面のすべては過剰な太陽熱から私たちを守ってくれている

Part 2 What disadvantages are there in SRM?

本文を読もう 意味のまとまりを意識しながら読もう。

1 *Sam asks Tomoka questions about her presentation. //*

Sam: 2 Thanks for your interesting presentation. // 3 SRM sounds promising, / but I wonder if there are any drawbacks. //

(Thanks for：～をありがとう　➡解説　promising：NW 有望な　wonder if：KP …かどうか疑問に思う　drawbacks：NW 不利な点，欠点)

Tomoka: 4 Yes, actually there are three possible disadvantages. // 5 First, / aerosols eventually fall from the atmosphere, / so we would need to release them regularly. // 6 Second, / SRM may cause unintended consequences to the climate / such as severe droughts or rainstorms. // 7 Finally, / this approach does not reduce the amount of CO_2 [that already exists in the air]. //

(disadvantages：NW 不都合，デメリット　eventually：NW 最終的に　them = aerosols　cause：～を引き起こす　unintended：NW 意図しない　consequences：NW 結果　such as：～のような　severe：NW 深刻な　droughts：NW 干ばつ　rainstorms：NW 暴風雨　the amount of：～の量　exists：NW 存在する)

Sam: 8 Wow, you really researched this topic. // 9 Did you find any direct methods / to decrease the amount of CO_2 [that is already there]? //

(researched：～を調査する　➡解説　direct：NW 直接的な　methods：方法　decrease：NW ～を減らす　there = in the air)

Tomoka: 10 Yes, there are various ways. // 11 One approach is using industrial technology. // 12 That has already been put into practice in Switzerland. // 13 Machines, / which are powered by renewable energy from garbage disposal, / capture CO_2 directly from the air. // 14 That captured CO_2 is used to help grow vegetables in greenhouses. // 15 These machines seem effective, / so there are plans (to build more of them in other parts of Europe). // 16 In the near future, / significant amounts of CO_2 could be absorbed by these machines each year. //

(industrial：工業的な　➡解説　put into practice：KP ～を実行する　➡解説　are powered by：～によって稼働する　renewable：再生可能な　disposal：NW 処理　capture：NW ～を吸収する　directly from the air：大気中から直接　➡解説　seem：～に思われる　effective：効果的な　them = these machines　In the near future：近い将来に　absorbed：～を回収する)

読解のポイント

▶ SRMの3つの問題点とは何だろうか。

▶ SRMの3つ目の問題点の解決法にはどのようなものがあるのだろうか。

3 SRM sounds promising, but I wonder if there are any drawbacks.

・wonder if ... は「…かどうか疑問に思う」。if 以下は「…かどうか(ということ)」という名詞節で，wonder の目的語となる。KP

訳を完成させなさい。

SRMは（　　　　）が，私は（　　　　　　　　　　　　　　　　）。

9 Did you find any direct methods to decrease the amount of CO_2 that is already there?

・to decrease 以下は形容詞的用法の不定詞句で，前の名詞 direct methods を修飾している。この不定詞句の中には that で始まる関係代名詞節があり，前の名詞 CO_2 を修飾している。there は 7 の文で出てきた in the air を指す。

訳を完成させなさい。ただし，there の内容を示すこと。

あなたは，（　　　　　　　　　　　　　　　　　　）を見つけましたか。

12 That has already been put into practice in Switzerland.

・That はすぐ前の文の using industrial technology を指す。put ～ into practice「～を実行する」の表現が現在完了形の受動態〈have[has] been ＋過去分詞〉の形で使われている。KP

訳を完成させなさい。

それは（　　　　　　　　　　　　　　　　　　　　　　　）。

13 Machines, which are powered by renewable energy from garbage disposal, capture CO_2 directly from the air.

・which は継続用法の関係代名詞で，which ... disposal までが Machines の補足説明。directly from the air は副詞句で，動詞 capture を修飾している。

訳を完成させなさい。

機械は（　　　　　　　　　　），大気中から（　　　　　　　　）。

14 That captured CO_2 is used to help grow vegetables in greenhouses.

・captured は過去分詞1語で前から CO_2 を修飾。すぐ前の文で説明された方法で回収された二酸化炭素のことを指している。to 以下は「～するために」の意味の副詞的用法の不定詞句。help grow は〈help ＋動詞の原形〉で「～するのを助ける，～するのに役立つ」という意味を表す。

確認問題の答え　3 有望に思えます / 何か問題点がないか疑問に思います　9 すでに大気中にある二酸化炭素の量を減らすための直接的な方法　12 スイスですでに実行されています　13 ごみ処理によって生まれる再生可能エネルギーによって稼働し / 直接二酸化炭素を回収します

Part 3 What is "terraforming"?

教科書 p.142～143

本文を読もう 意味のまとまりを意識しながら読もう。

[1] *Emma asks Tomoka a question.* //

Emma: [2] Controlling the Earth's climate / sounds innovative but unrealistic. //
NW 革新的な NW 非現実的な

[3] Do you believe in full-scale realization of geoengineering / in the future? //
～を信じる NW 大規模な NW 実現

Tomoka: [4] Well, yes. // [5] It may be useful to research technologies related to geoengineering. //
➡解説 ～を研究する ～に関する

[6] There is an engineering technique (called "terraforming")," / which aims to make a planet habitable. //
➡解説 エンジニアリング NW 手法 テラフォーミング，惑星改造 ～することを目指す NW 居住可能な

[7] By developing heating or cooling technology, / we may find solutions (to control the Earth's temperature). //
～することによって 解決策

[8] Scientists think Mars provides an ideal environment for terraforming / because it is the most Earth-like planet. //
➡解説 ～を提供する ＝Mars

[9] Unlike other planets, / both have a solid surface and a near 24-hour day. //
➡解説 ～とは異なり NW 固い ほとんど

[10] However, / Mars' average temperature is −43° C, / so warming the planet would be a huge challenge. //
大きな課題 S V C

[11] This could be achieved by spreading charcoal over Mars' surface / (to absorb more sunlight). //
➡解説 ～を達成する NW 炭 ～するために

[12] In addition, / melting the frozen CO_2 in Mars' polar caps / would also aid the warming process. //
➡解説 さらに NW 凍った 極冠 NW ～を促す

[13] Unlike on Earth, / producing greenhouse gases would be beneficial there. //
～とは異なり 都合がよい ＝on Mars

[14] Geoengineering has many questions [that cannot be easily answered]. //
論題，課題

[15] Therefore, / researching terraforming could lead us to further progress in geoengineering. //
S V O NW さらなる発達，進歩

読解のポイント

▶ テラフォーミングとは何だろうか。

▶ テラフォーミングにとって理想的な環境を提供してくれるのはどの惑星だろうか。

▶ その惑星の特徴や問題点は何だろうか。

5 It may be useful to research technologies related to geoengineering.

・It は形式主語で，to 以下が真主語。It is ... to ～.「～することは…だ」の文の is が may be「…かもしれない」になったもの。related to は「～に関する」。

全文を訳しなさい。

(　　　　　　　　　　　　　　　　　　　　　　　　　　　　　　　　)

6 There is an engineering technique called "terraforming," which aims to make a planet habitable.

・which は継続用法の関係代名詞で，engineering technique called "terraforming" を補足説明している。aim to *do* は「～することを目指す」。make 以下は〈make + O + 形容詞〉「O を～(な状態)にする」の形。

8 Scientists think Mars provides an ideal environment for terraforming because it is the most Earth-like planet.

・Mars 以下が think の目的語。Mars 以下の節の中に，理由を表す because 節がある。

9 Unlike other planets, both have a solid surface and a near 24-hour day.

・both は Earth と Mars の 2 つを指す。

訳を完成させなさい。ただし both の内容を示すこと。

ほかの (　　　　　　　)，(　　　　　　　　　　　　　　　　)。

11 This could be achieved by spreading charcoal over Mars' surface to absorb more sunlight.

・This はすぐ前の文の warming the planet を指す。could be achieved は助動詞を含む受動態。過去形の could が使われているのは，確信がない内容を述べる場合の婉曲的な表現。by *do*ing は「～することによって」, to 以下は「～するために」。

訳を完成させなさい。ただし，This の内容を示すこと。

(　　　　　　　　　) は，(　　　　　　　　　　　) を散布して，

(　　　　　　　　) ことによって (　　　　　　　　　　　　)。

12 In addition, melting the frozen CO_2 in Mars' polar caps would also aid the warming process.

・この would も 11 の文の could と同じように，確信できない場合の婉曲的な表現。

確認問題の答え　5　ジオエンジニアリングに関する技術を研究することが役立つかもしれません。　9　惑星と違って / 地球と火星には固い表面があり，1 日はほぼ 24 時間です　11　惑星を温めること / 火星の表面に炭 / より多くの日光を吸収する / 達成できるかもしれません

Part 4 Which of the three students is negative about geoengineering?

教科書 p.144～145

本文を読もう 意味のまとまりを意識しながら読もう。

1 *The students are expressing their opinions on geoengineering.* //

Hiroto: 2 To be honest, / I don't think geoengineering is the best way (to stop global warming). // 3 In fact, / it may discourage people from taking action now. // 4 It is important to find the root cause of the problem / and raise people's awareness. // 5 That would be the real solution to global warming. //

(To be honest: 率直に言うと ➡解説 / In fact: 実際 ➡解説 / discourage ... from: ～に…することを思いとどまらせる / take action: KP 行動する / root cause: 根本的な原因 / raise: ～を高める / awareness: NW 意識 / solution to: ～の解決策 ➡解説)

Emma: 6 I think Hiroto has a point. // 7 Also, / geoengineering could have negative impacts on the environment. // 8 But, / why don't we adopt geoengineering approaches, / while making efforts to reduce greenhouse gas emissions? // 9 I'm sure that will make a big difference. //

(has a point: KP 一理ある / negative impacts: 悪影響 / environment: 環境 / why don't we: ～しませんか ➡解説 / adopt: ～を取り入れる / while: …と同時に / making efforts to: ～するよう努力する / I'm sure: …だと確信している ➡解説 / make a big difference: KP 違いを生じる)

Sam: 10 Also, / from my perspective, / geoengineering would require international cooperation. // 11 All countries should share the results of geoengineering research. // 12 Certainly, / we all want to reverse the global climate crisis. // 13 Working towards the same goal will bring the world together. //

(from my perspective: KP ～の考えでは / require: ～を必要とする / cooperation: 協力 / share: ～を共有する / Certainly: 確かに / reverse: NW ～を覆す / bring the world together: ～を１つにする)

Tomoka: 14 Thank you all for your valuable comments. // 15 You know, / CO_2 (emitted by human activity) remains in the air for centuries. // 16 So, / we have to take more serious actions now / (to keep our planet healthy for future generations). //

(valuable: NW 貴重な / remains: 残る / for centuries: 何世紀にもわたって / So: ➡解説 / take more serious actions: もっと真剣に行動する / to keep: ～するために / generations: NW 世代)

読解のポイント

▶ ヒロトはジオエンジニアリングに対してどんな意見を持っているのだろうか。

▶ エマはどんな意見を持っているのだろうか。

▶ サムはどんな意見を持っているのだろうか。

2 To be honest, I don't think geoengineering is the best way to stop global warming.

・To be honest は独立不定詞で，「率直に言うと」の意味を表す。I don't think ... のあとには接続詞 that が省略されている。to stop 以下は形容詞的用法の不定詞句で，the best way を修飾。

3 In fact, it may discourage people from taking action now.

・it はすぐ前の文で出てきた geoengineering を指す。〈discourage + O + from *do*ing〉で「O に～することを思いとどまらせる」。take action は「行動する」。**KP**

訳を完成させなさい。ただし，it の内容を示すこと。

実際，（　　　　　　　　　　　　　　　　　　　　　　　　　　　　　）。

5 That would be the real solution to global warming.

・That はすぐ前の文の to 以下の内容を指す。would は婉曲的な表現。(real) solution to ～は「～の(真の)解決策」。

8 But, why don't we adopt geoengineering approaches, while making efforts to reduce greenhouse gas emissions?

・why don't we ～?「～しませんか」は一緒に何かをすることを提案する表現。

・この while は「…と同時に」の意味。while making は while we are making の we are が省略された形。

訳を完成させなさい。

しかし，（　　　　　　），ジオエンジニアリングの方法を（　　　　　　）。

9 I'm sure that will make a big difference.

・この that は接続詞ではなく sure のあとに続く名詞節の主語で，前文の内容を指す。

・make a (big) difference は「(大きな)違いを生じる」。**KP**

16 So, we have to take more serious actions now to keep our planet healthy for future generations.

・take (more serious) actions は「(もっと真剣に)行動する」。to keep 以下は副詞的用法の不定詞句。〈keep + O + 形容詞〉は「O を～(の状態)に保つ」。

訳を完成させなさい。

だから，（　　　　　　　　　　）ために，私たちは今，（　　　　　　　　　　）。

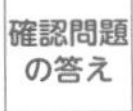

3　ジオエンジニアリングは人々に今(すぐに)行動することを思いとどまらせるかもしれません　8　(私たちが)温室効果ガスの排出を削減するよう努力するのと同時に / 取り入れてはどうでしょうか　16　未来の世代のために私たちの惑星を健康に保つ / もっと真剣に行動しなければなりません

文法のまとめ

現在完了の受動態（復習）

a. 現在までの完了・結果を表す文

現在完了の受動態は〈have[has] been ＋過去分詞〉の形で表し，能動態の現在完了の場合と同じく，現在までの「完了・結果」「経験」「状態の継続」を表す。

・Using industrial technology has already been put into practice in Switzerland. 〔p.140, **12**〕
（工業的な技術を用いることは，すでにスイス連邦で実用化されている。）

b. 現在までの経験を表す文

・He has been elected mayor twice.
（彼は２回市長に選ばれたことがある。）

c. 現在までの状態の継続を表す文

・They have been married for ten years.
（２人は結婚して 10 年になる。）

助動詞を含む受動態（復習）

助動詞を含む受動態は〈助動詞＋ be ＋過去分詞〉の形で表し，それぞれの助動詞の意味が加わった受け身の意味になる。ただし，日本語にするときは，能動態に訳した方が自然な場合もある。

・Warming the planet could be achieved by spreading charcoal over Mars' surface to absorb more sunlight. 〔p.142, **11**〕
（惑星（＝火星）を温めることは，より多くの日光を吸収するために火星の表面に炭を撒くことによって達成されうる。）

・The result of the examination will be announced in a week.
（試験の結果は１週間後に発表される。）

・These boxes must be carried upstairs.
（これらの箱は２階へ運ばなければならない。←これらの箱は２階へ運ばれなければならない。）

演習問題

❶ 日本語に合うように，（　）に適する語を書きなさい。

(1) これらの部屋はちょうど掃除されたところだ。
These rooms (　　　) just (　　　) (　　　).

(2) あの店は 1 週間ずっと閉まっている。
That store (　　　) (　　　) (　　　) for a week.

(3) この歌は多くの人々に愛されるだろう。
This song (　　　) (　　　) (　　　) by many people.

(4) このカメラは水中で使える。
This camera (　　　) (　　　) (　　　) underwater.

❷ 英文をほぼ同じ意味に書きかえるとき，（　）に適する語を書きなさい。

(1) People have held this festival for more than a hundred years.
This festival (　　　) (　　　) (　　　) for more than a hundred years.

(2) We have already ordered pizza delivery.
Pizza delivery (　　　) already (　　　) (　　　).

(3) We can watch this movie on TV next Wednesday.
This movie (　　　) (　　　) (　　　) on TV next Wednesday.

❸ 日本語に合うように，（　）内の語句を並べかえて英文を完成させなさい。

(1) 私はスミスさんの訪問を 2 回受けたことがある。
I (Mr. Smith / have / visited / twice / been / by).

____

(2) この建物は 10 年間図書館として使われてきた。
This building (ten years / used / a library / been / as / for / has).

____

(3) 事故の原因が直ちに調査されるべきだ。
(should / investigated / the cause / be / of the accident) immediately.

____

LESSON 9

演習問題の答え ❶ (1) have, been cleaned (2) has been closed ▶ (1)(2) 現在完了の受動態〈have[has] been ＋過去分詞〉で表す。 (3) will be loved (4) can be used ▶ (3)(4) 助動詞を含む受動態〈助動詞＋ be ＋過去分詞〉で表す。 ❷ (1) has been held (2) has, been ordered ▶ (1)(2) 現在完了の受動態〈have[has] been ＋過去分詞〉で表す。 (3) can be watched ▶助動詞を含む受動態〈助動詞＋ be ＋過去分詞〉で表す。 ❸ (1) (I) have been visited by Mr. Smith twice(.) (2) (This building) has been used as a library for ten years(.) (3) The cause of the accident should be investigated (immediately.)

関係代名詞の継続用法（復習）

関係代名詞節で名詞を修飾する場合，関係代名詞の前に「,」（コンマ）を置き，〈..., who[which / whose]〉の形で使うことがあるが，これはあとから補足的に説明を加える場合である。これを関係代名詞の継続用法［非制限用法］という。なお，関係代名詞 that にはこの用法はない。

a. ～, who ...

・Mother Teresa, who helped so many people in India, was awarded the Nobel Peace Prize.（マザー・テレサは，インドで非常に多くの人々を助けたが，ノーベル平和賞を授与された。）

b. ～, which ...

・Machines, which are powered by renewable energy from garbage disposal, capture CO_2 directly from the air.〔p.140, **13**〕（機械が，ごみ処理からの再生可能エネルギーによって稼働し，大気中から二酸化炭素を直接回収する。）

・There is an engineering technique called "terraforming," which aims to make a planet habitable.〔p.142, **6**〕（「テラフォーミング」と呼ばれるエンジニアリングの手法があるが，これは惑星を居住可能にすることを目的としている。）

c. ～, whose ...

・Mr. Smith, whose English classes are very interesting, is from Canada.
（スミス先生は，彼の英語の授業はとてもおもしろいのだが，カナダの出身だ。）

関係代名詞 that（復習）

関係代名詞 that とほかの関係代名詞の大きな違いは，that は①説明する名詞が「人」「人以外」の両方に使えること（who は「人」のみ，which は「人以外」のみ）と，②継続用法［非制限用法］がないことである。

・Geoengineering is a general term for technologies that can manipulate nature and control the Earth's climate.〔p.138, **3**〕（ジオエンジニアリングとは，自然を操作して地球の気候を制御することができる技術を表す総称である。）

・Did you find any direct methods to decrease the amount of the CO_2 that is already in the air?〔p.140, **9**〕（すでに大気中にある二酸化炭素の量を減らすための直接的な方法は見つかりましたか。）

演習問題

❶ (　) 内の適する語を１つずつ選び，○で囲みなさい。

(1) Tom, (who which that) is from the US, likes Japanese food.

(2) This book, (who which whose) I bought yesterday, is very interesting.

(3) Mike, (who which whose) dog is 2 months old, often talks about it.

(4) Look at the boy and his dog (who which that) are playing together.

❷ 英文を日本語にしなさい。

(1) Mary has two brothers, who live in Canada.

(　　　　　　　　　　　　　　　　)

(2) Mary has two brothers who live in Canada.

(　　　　　　　　　　　　　　　　)

(3) He said he did it by himself, which was not true.

(　　　　　　　　　　　　　　　　)

(4) Ms. Brown, who came to Japan two years ago, now lives in Yokohama.

(　　　　　　　　　　　　　　　　)

❸ 日本語に合うように，(　) 内の語句を並べかえて英文を完成させなさい。

(1) ジュディは，日本に行きたいと思っているので，日本語を５年間勉強している。
(to Japan / wants / studied / to / who / go / Judy, / Japanese / has / ,) for five years.

____

(2) この生地はペットボトルからできているが，ユニホームを作るのに使われる。
(from / this fabric / is / plastic bottles, / was / used / which / made / ,) to make uniforms.

____

(3) AI は私たちの世界を変える新しい技術の１つだ。
AI is (will / change / one / that / our world / the new technologies / of).

____

演習問題の答え ❶ (1) who (2) which (3) whose ▶ his dog「彼の犬」の意味にするには所有格の関係代名詞を使う。 (4) that ▶先行詞の the boy and his dog は「人」「人以外」の両方を含むので that を使う。 ❷ (1) メアリーは２人の兄弟がいるが，彼らは(２人とも)カナダに住んでいる。▶それ以外の兄弟はいない。 (2) メアリーはカナダに住んでいる兄弟が２人いる。▶カナダ以外の所に住んでいる兄弟がいる可能性がある。 (3) 彼はそれを自分で[ひとりで]したと言ったが，それは本当ではなかった。▶ he did it by himself が先行詞。 (4) ブラウンさん[先生]は，２年前に日本に来て，今は横浜に住んでいる。 ❸ (1) Judy, who wants to go to Japan, has studied Japanese (for five years.) (2) This fabric, which was made from plastic bottles, is used (to make uniforms.)
(3) (AI is) one of the new technologies that will change our world(.)

Key Phrases のまとめ

(ページ)

138	☐ **account for** 〜を占める Household waste *accounts for* a large part of all waste thrown out in Japan. (家庭ごみは日本で捨てられるごみ全体の大部分を占めている)
138	☐ **protect 〜 from ...** 〜を…から守る This case *protects* your smartphone *from* damage. (このケースはあなたのスマートフォンを損傷から守る)
140	☐ **wonder if ...** …かなと思う I *wonder if* it will be fine tomorrow. (明日は晴れるかな)
140	☐ **put 〜 into practice** 〜を実行する Let's *put* this project *into practice*. (このプロジェクトを実行しよう)
144	☐ **take action** 行動する We have to *take action* to reduce garbage. (私たちはごみを減らすために行動しなければならない)
144	☐ **have a point** 一理ある You *have a point*. (あなたの言うことは一理ある)
144	☐ **make a difference** 違いが生じる Your effort will *make a difference*. (努力によって違いが生じるだろう)
144	☐ **from *one*'s perspective** 〜の考えでは ▶ in *one*'s opinion (〜の考えでは) も同じような意味を表す。

その他の重要表現

138	☐ **focus on** 〜に重点を置く He is *focusing on* studying math. (彼は数学の勉強に重点を置いている)
140	☐ **in the near future** 近い将来に ▶ in the future(将来に)に near が入った形。
142	☐ **aim to *do*** 〜することを目指す This project *aims to protect* the environment. (このプロジェクトは環境を保護することを目指している)
144	☐ **Why don't we ...?** 〜しませんか ▶ Let's .... と同じように自分も含めて何かをすることを提案する。

演習問題

❶ 日本語に合うように，空所に適語を書きなさい。

(1) 男子がこのクラブのメンバーの60パーセントを占めている。
Boys (　　　　) (　　　　) 60 % of the members of this club.

(2) このジャケットはあなたを寒さから守る。
This jacket (　　　　) you (　　　　) the cold.

(3) この話は本当かな。
I (　　　　) (　　　　) this story is true.

(4) 地球温暖化を止めるために行動しよう。
Let's (　　　　) (　　　　) to stop global warming.

(5) 彼女は上手に英語が話せるようになることを目指している。
She is (　　　　) (　　　　) be able to speak English well.

(6) 彼らは新しい技術を導入することに重点を置いている。
They are (　　　　) (　　　　) introducing new technology.

❷ 英文を日本語にしなさい。

(1) They put their plan into practice last week.
(　　　　　　　　　　　　　　　　　　　　)

(2) I think she has a point.
(　　　　　　　　　　　　　　　　　　　　)

(3) Discussing things with others will make a difference.
(　　　　　　　　　　　　　　　　　　　　)

(4) From my perspective, we should find another solution.
(　　　　　　　　　　　　　　　　　　　　)

(5) That writer will write a new novel in the near future.
(　　　　　　　　　　　　　　　　　　　　)

(6) Why don't we cooperate with each other?
(　　　　　　　　　　　　　　　　　　　　)

演習問題の答え ❶ (1) account for　(2) protects, from　(3) wonder if　(4) take action　(5) aiming to　(6) focusing on　❷ (1) 彼らは先週，自分たちの計画を実行した。　(2) 私は彼女の言うことには一理あると思う。　(3) ほかの人たちと物事を話し合うことで違いが生じるだろう。　(4) 私の考えでは，私たちは別の解決法を見つけるべきだ。　(5) その作家は近い将来，新しい小説を書くだろう。　(6) お互いに協力し合いませんか。

定期テスト対策問題

❶ 日本文に合う英文になるように，空所に適する語を書きなさい。

□(1) 二酸化炭素は温室効果ガスの大半を占めている。
Carbon dioxide ______ ______ the majority of greenhouse gases.

□(2) 私の考えでは，このプロジェクトは大成功を収めるだろう。
______ my ______, this project would have great success.

□(3) 私は雨になるとは思ってもみなかった。実際，今朝は雲ひとつなかった。
I didn't expect rain. ______ ______, it was cloudless this morning.

□(4) 彼らはさまざまな方法で消費者にアピールしようとした。
They tried to appeal to consumers ______ various ______.

□(5) 彼らは今，再生可能なエネルギーに重点を置いている。
They are now ______ ______ renewable energy.

❷ 各組の英文がほぼ同じ内容を表すように，空所に適する語を書きなさい。

□(1) Let's work together.
______ ______ we work together?

□(2) She got there on time by taking a taxi.
She took a taxi. ______ was ______ she got there on time.

❸ 日本文に合う英文になるように，(　) 内の語句を並べかえなさい。

□(1) このメガネはあなたの目をブルーライトから守る。
These glasses (from / your eyes / protect / blue light).
These glasses ______________________________.

□(2) その考えはすでに実行されている。
That idea (into / been / practice / has / put / already).
That idea ______________________________.

❹ 英文を日本文にしなさい。

□(1) Now is the time to take action.
____

□(2) You have a point in what you said.
____

□(3) Daily practice will make a difference.
____

❺ 日本文を英文にしなさい。

□(1) みんなは私に賛成してくれるかな。

____

□(2) その計画は近い将来に実行されるかもしれない。

____

読解

❻ 次の英文を読んで，あとの問いに答えなさい。

Emma: Controlling the Earth's climate sounds innovative but unrealistic. Do you believe in full-scale realization of geoengineering in the future?

Tomoka: Well, yes. ①It may be useful to research technologies related to geoengineering. There is an engineering technique called "terraforming," which aims to make a planet habitable. By developing heating or cooling technology, we may find solutions to control the Earth's temperature.

Scientists think Mars provides an ideal environment for terraforming because ②it is the most Earth-like planet. Unlike other planets, both have a solid surface and a near 24-hour day. However, Mars' average temperature is −43°C, so warming the planet would be a huge challenge. ③This could be achieved by spreading charcoal over Mars' surface to absorb more sunlight. ④In (　　), melting the frozen CO_2 in Mars' polar caps would also aid the warming process. Unlike on Earth, ⑤producing greenhouse gases would be beneficial there.

(1) 下線部①・③を日本語にしなさい。ただし，③は This の内容を示すこと。

□① ______________________________

□③ ______________________________

□(2) 下線部②・⑤の理由をそれぞれ日本語で書きなさい。

□② ______________________________

□⑤ ______________________________

□(3) 下線部④が「さらに」の意味になるように，(　　) に適する1語を書きなさい。

In __________,

(4) 次の質問に英語で答えなさい。

□(a) What is Emma's opinion on controlling the Earth's climate?

____

□(b) What does "terraforming" aim?

____

定期テスト対策問題の解答・解説

❶ (1) accounts for　(2) From, perspective　(3) In fact　(4) in, ways
(5) focusing on

解説 (1)「～を占める」は account for。
(2)「～の考えでは」は from *one*'s perspective。
(3)「実際(に)」は in fact。
(4)「さまざまな方法で」は in various ways。
(5)「～に重点を置く」は focus on。

❷ (1) Why don't　(2) This[That], how

解説 (1)「いっしょにやりましょう」という文を，Why don't we ～?「～しませんか」で表す。
(2)「彼女はタクシーに乗ることによって，そこに時間どおりに着いた」という文を，「彼女はタクシーに乗った。この[その]ようにして彼女はそこに時間どおりに着いた」という2つの文にする。

❸ (1) (These glasses) protect your eyes from blue light(.)
(2) (That idea) has already been put into practice(.)

解説 (1)「～を…から守る」は protect ～ from ... で表す。
(2) put ～ into practice で「～を実行する」という意味を表す。「すでに実行されている」という内容で，主語の That idea が与えられているので，現在完了の受動態〈have[has] been＋過去分詞〉で表す。already「すでに」は has のあとに置く。

❹ (1) 今こそ行動するときだ。
(2) あなたの言ったことには一理ある。
(3) 日々の練習によって違いが生じるだろう。

解説 (1) take action は「行動する」の意味を表す。
(2) have a point は「一理ある」の意味を表す。
(3) make a difference は「違いが生じる」の意味を表す。

❺ (1) I wonder if everyone will agree with me.
(2) That plan may be carried out [may be put into practice] in the near future.

解説 (1) 「…かなと思う」は I wonder if ... で表す。この文の if 以下は wonder の目的語となる名詞節なので，未来の事柄は未来表現で表す。

(2) 「～を実行する」は carry out または put ～ into practice。「実行されるかもしれない」は助動詞を含む受動態〈may be ＋過去分詞〉で表す。「近い将来に」は in the near future。

❻ (1)① ジオエンジニアリングに関連した技術を研究することが役立つかもしれません。

③ 火星を温めることは，より多くの日光を吸収するために火星の表面に炭を散布することによって達成されうるでしょう。

(2)② （ほかの惑星とは異なり，）地球と火星はともに固い表面を持ち，1日は約24時間だから。

⑤ 平均気温が－43℃の火星を温めることは大きな課題となるため。

(3) addition

(4)(a) It sounds innovative but unrealistic.

(b) It aims to make a planet habitable.

解説 (1)① It may be ... to ～.「～することは…かもしれない」の文。It は形式主語で to 以下が真主語。related to は「～に関する」。

③ This はすぐ前の文の warming the planet を指す。could be achieved は助動詞を含む受動態で，「～されうるだろう」という婉曲的な意味を表す。by *do*ing は「～することによって」，to 以下は「～するために」。

(2)② すぐあとの文の内容が下線部の理由を示している。

⑤ 温室効果ガスは温暖化を招くので，温暖化させることが必要な火星では役に立つだろうということ。下線部を含む文の前の部分（However, ... the warming process.）の内容をまとめる。

(3) 「さらに」は in addition で表す。

(4)(a) 「地球の気候を制御することに関するエマの意見は何ですか」という質問。エマの発言の最初の文参照。

(b) 「『テラフォーミング』は何を目指しますか」という質問。トモカの発言の3つ目の文参照。継続用法の関係代名詞 which 以下が engineering technique called "terraforming"（「テラフォーミング」と呼ばれるエンジニアリングの手法）の補足説明となっているので，この部分を答える。

LESSON 9

LESSON **10**

Keys to Finding Happiness

Preview

Introduction

幸せの見つけ方がテーマ。幸せを感じる人とそうでない人の考え方の違い，お金を品物に使うか，新しい経験に使うか，自分自身のために使うか，他人のために使うか，どんな友達を持つのがよいのかなどを通して幸せについて考えよう。

● Part 別に Summary を完成させよう ……………>

Part 1 幸せなタイプと不幸なタイプの違いは何だろう。

幸せを感じる人とそうでない人の違いは何だろうか。(　(1)　) たちが参加したある研究では，幸せなタイプと不幸なタイプの2つに分けて調査が行われた。その結果，不幸なタイプの人は，他人の (　(2)　) や (　(3)　) について気にしすぎていることがわかった。彼らはすぐに (　(4)　) をなくしてしまう。一方，幸せなタイプの人は，自分の結果を (　(5)　) 的に認識し，自分自身をありのままに受け入れる。

Part 2 新しい経験にお金を出すのと新しい品物を買うのとでは，どちらがあなたをより幸せにするのだろう。

人々が何にお金を使うかの効果について見てみよう。あなたをより幸せにするのは (　(6)　) 稼ぐかではなく，(　(7)　) お金を使うかである。新しいものを購入したときの幸福感は (　(8)　) 以内に薄れるが，(　(9)　) は思い出すたびに幸福感をもたらす。また，ほかの人々と思い出を (　(10)　) することによって，経験はさらに価値のあるものになる。経験は世界観を広げ，あなたをより幸せにする。

Part 3 自分自身にお金を使うのと他人にお金を使うのとでは，どちらがあなたをより幸せにするだろう。

ほかの人々とつながることの (　(11)　) は人間性の根本的側面だと言われている。(　(12)　) たちが行った，(　(13)　) を自分自身のために使うか，他人のために使うかによって幸福感が異なるかを調べる実験では，金額にかかわらず，お金を他人のために使うことが (　(14)　) を高めることがわかった。つまり，(　(15)　) よりも他人に目を向けることがより大きな幸せにつながるのである。

Part 4 友達の数と友達の多様性では，どちらがあなたをより幸せにするだろう。

ほかの人々とのよい関係を築くことは，幸福感を高める重要な要素である。研究によると，(　　(16)　　) や (　　(17)　　) とよい関係を築いている人ほど幸福度が高い。また，よい関係は広範囲にわたって (　　(18)　　) 面でも効果をもたらす。興味深いことに，友達の (　　(19)　　) は友達の (　　(20)　　) よりも重要であると報告されている。多様な人々との関係を通して，人生は豊かになり，幸福感が高まる。幸せは運次第だという考え方もあるが，幸福度を高めるいくつかの方法があるのも事実である。

Overview

● 各 Part について，適切なタイトルを選んでみよう ………….>

1. a. Keys to Getting Better Scores
   b. Reasons People Pursue Happiness
   c. Differences in Happy and Unhappy Types

2. a. How We Should Spend Money to Be Happy
   b. Satisfaction with Material Goods
   c. How Much Money We Need to Be Happy

3. a. How to Connect with Other People
   b. Happiness and Spending Money on Others
   c. The Amount of Money and Happiness Levels

4. a. Relationships Between Luck and Happiness
   b. How to Build Good Relationships
   c. Happiness and Relationships with Others

Hint 1. Part 1 では「幸せなタイプと不幸なタイプの違い」が述べられている。
a. score「成績」 b. pursue「～を追求する」
2. Part 2 では「お金の使い方と幸せの関係」について述べられている。
b. satisfaction「満足」
3. Part 3 では「だれのためにお金を使うかと幸せの関係」について述べられている。
a. connect with「～とつながる」 c. amount of money「金額」
4. Part 4 では「ほかの人々との関係や友達の持ち方」について述べられている。
a. relationship「関係」 luck「運」

● Summary 完成問題の答え ………….> (1) 大学生　(2) 成功　(3) 失敗　(4) 自信　(5) 客観　(6) いくら　(7) どのように　(8) 数か月　(9) 経験　(10) 共有　(11) 喜び　(12) 心理学者　(13) お金　(14) 幸福感　(15) 自分(自身)　(16) 家族　(17) 友達　(18) 健康　(19) 多様性　(20) 数

Part 1 What is the difference between happy types and unhappy types?

教科書 p.152~153

本文を読もう 意味のまとまりを意識しながら読もう。

❶ [1] People (all around the world and of all ages) / pursue happiness. // [2] Some achieve this goal, / and others do not. // [3] So, / what is the difference / between people [who feel happy] and those [who do not])? //

S V O
NW ～を追求する　KP あらゆる年齢の　➲解説
～を達成する

❷ [4] There is an interesting study about this difference. // [5] College students answered a questionnaire (about their happiness levels) / and were divided into two types:/ happy and unhappy. // [6] After that, / all students were told to complete word puzzles in pairs. // [7] Then, / they were all informed [that their score was better than their partner's. // [8] So, / in the next questionnaire, / both groups' self-assessment increased. // [9] However, / when they were informed [that their partner's score was better than their own], / the responses of the two types were different. // [10] Happy types did not change their self-assessment, / but unhappy types became quite disappointed / and their self-assessment decreased. //

➲解説
NW アンケート　KP ～を…に分ける
NW パズル　～するように言われた　～を完成する
ペアで，二人一組で　NW ～を知らせる　NW 成績
自己評価
上昇する　…(である)と知らされた
反応
NW がっかりして　低下する

❸ [11] This research suggests [that unhappy types are too concerned about other people's successes or failures]. // [12] They soon lose confidence in themselves. // [13] In contrast, / happy types recognize their results objectively / and accept themselves as they are. //

➲解説
S V O
NW 関心を持っている　KP ～について気にする
成功　NW 失敗　=unhappy types　KP ～への自信を失う　自分自身
その一方　～を認める，受け入れる　客観的に
～をありのままに受け入れる

読解のポイント

▶ 幸せを追求するという目標はだれでも達成できるのだろうか。
▶ 大学生を対象に行われた調査はどのようなものだろうか。
▶ 幸せなタイプと不幸なタイプの人々の違いは何だろうか。

2 Some achieve this goal, and others do not.

・Some ～, and others ...「～する人もいれば，…する人もいる」。do not のあとに，achieve it(＝this goal)が省略されている。this goal とは，すぐ前の文で出てきた pursue happiness の happiness である。

3 So, what is the difference between people who feel happy and those who do not?

・the difference between ～ and ... で「～と…の間の違い」。who は関係代名詞で，people who ...「…する人々」，those(＝people) who ...「…する人々」。do not のあとに feel happy が省略されている。

5 College students (S) answered (V) a questionnaire about their happiness levels (O) and were divided into two types: happy and unhappy.

・were divided into は divide ～ into ...「～を…に分ける」の受動態。KP
・were divided into の主語は文の前半と同じく college students。「:」(コロン) のあとは two types を言い換えた内容。

訳を完成させなさい。
大学生たちが (　　　　　　　　)。つまり，(　　　　　　　　) である。

9 However, when they were informed that their partner's score was better than their own, the responses of the two types were different.

・when ... their own は時を表す副詞節。were informed that ... は「…(である)と知らされた」。7 の文も同じ構造となっている。
・their own とは their own score のこと。the two types は，5 の文からわかるように，happy と unhappy の2つのタイプのこと。

訳を完成させなさい。
しかし，(　　　　　　　　　　) とき，(　　　　　　　　　　)。

11 This research suggests that unhappy types are too concerned about other people's successes or failures.

・suggest that ... で「…であると(いうことを)示唆する」。
・are too concerned about は，be concerned about「～について気にする」の表現に too が入ったもので，「～について気にしすぎる」の意味。KP

確認問題の答え　5 (自分の)幸福度に関するアンケートに回答し，2つのタイプに分けられた / 幸せ(なタイプ)と不幸(なタイプ)　9 彼らが(自分の)パートナーの成績が自分のもの[成績]よりも優れていると知らされた / 2つのタイプの反応は異なった

LESSON 10

Part 2 Which makes you happier, buying new experiences or material goods?

教科書 p.154〜155

本文を読もう 意味のまとまりを意識しながら読もう。

❹ [1] According to research, / there are clear ways (to increase your happiness). //
〜によれば

➲解説
[2] Let's look at the effects (of what people spend their money on). //
KP 〜を…に使う

➲解説
❺ [3] Research shows [that what makes you happier is not how much you earn, /
S V O [S' V' C'

➲解説
but how you spend your money]. // [4] For example, / enjoying experiences (such as
C'] S 〜のような

trips and concerts) leads to more happiness / than acquiring material goods (such
〜につながる V NW 〜を手に入れる 形のある NW 品物

as clothing and electronics). // [5] There is a possible theory for this conclusion. //
NW 衣類 NW 電子機器 NW 〜説 NW 結論

❻ [6] Some researchers believe [satisfaction with material goods soon decreases]. //
NW 満足
S V O [S' V']

[7] When you buy something new, / your happiness with it generally fades within a
何か新しいもの ＝something new

➲解説
few months. // [8] Whether it is clothing, a bag, or a smartphone, / people always
〜であろうと…であろうと

want a newer product / because getting one gives them a feeling of happiness. //
S V O_1 O_2

➲解説
❼ [9] In contrast, / experiences bring you happiness / every time they are recalled. //
その一方 S V O_1 O_2 KP …するたびに NW 〜を思い出す

[10] Moreover, / as you share memories with others, / experiences become even more
さらに …につれて 〜を…と共有する よりいっそう

valuable. // [11] Experiences like going to concerts, museums, and sporting events /
価値のある 〜のような NW スポーツの

also broaden your perspective of the world. // [12] They can make you happier. //
NW 〜を広げる 世界観 ＝ Experiences like ... events

読解のポイント

- ▶ お金の使い方にはどのような種類があるだろうか。
- ▶ 新しいものを購入した場合の幸福感はどのようなものだろうか。
- ▶ 経験による幸福感はどのようなものだろうか。

2 Let's look at the effects of what people spend their money on.

・effects of ～は「～の効果」。「～」の部分は，ここでは what 以下の間接疑問文。

・spend ～ on ... は「～を…に使う」。**KP** 疑問詞 what が前置詞 on の目的語となっている。

確認問題 訳を完成させなさい。

（　　　　　　　　　　　　　　　　　　）を見てみよう。

3 Research shows that what makes you happier is not how much you earn, but how you spend your money.

関接疑問　関接疑問

・show that ... は「…と(いうことを)示している」。that 節の中は S is not ～, but ...「S は～ではなく，…である」の文。主語になる what makes you happier の what は関係代名詞で the thing which の意味。また，「～」と「…」の部分はいずれも間接疑問文になっている。

確認問題 訳を完成させなさい。

研究は，（　　　　　　　　　　　　　）ということを示している。

4 For example, enjoying experiences such as trips and concerts leads to more happiness than acquiring material goods such as clothing and electronics.

・動名詞 enjoying で始まる句が文の主語。than のあとは動名詞 acquiring で始まる句。

確認問題 訳を完成させなさい。

例えば，（　　　　）は（　　　　　）よりももっと（　　　　　）。

8 Whether it is clothing, a bag, or a smartphone, people always want a newer product because getting one gives them a feeling of happiness.

・whether は「～であろうと，…であろうと」の意味で，譲歩を表す副詞節を導く。it はすぐ前の文の something new を指す。because 以下は理由を表す副詞節。one は同じ文の a newer product の代わりに用いられている。them は people を指す。

確認問題 訳を完成させなさい。ただし，it と one の内容を示すこと。

（　　　　　　），（　　　　　　　）ので，（　　　　　　）。

9 In contrast, experiences bring you happiness every time they are recalled.

・この every time は「…するたびに」の意味で接続詞と同じ働きをし，あとに〈主語＋動詞〉の形が続く。**KP** they は experiences を指す。

確認問題 訳を完成させなさい。

その一方，（　　　　　　　　　　　　　　　　　　　　　）。

確認問題の答え

2 人々がお金を何に使うかの効果　3 あなたをより幸せにするの[こと]は，あなたがいくら稼ぐかではなく，あなたがどのようにお金を使うかだ　4 旅行やコンサートのような経験を楽しむこと / 衣類や電化製品のような形のある品物を手に入れること / 幸せにつながる　8 (購入した)何か新しいものが，衣類であろうと，バッグであろうと，スマートフォンであろうと / より新しい製品を手に入れることは人々に幸福感を与える / 彼ら[人々]は常により新しい製品をほしがる　9 経験は思い出される[思い出す]たびにあなたに幸せをもたらす

Part 3 Which makes you happier, spending money on yourself or on other people?

教科書 p.156〜157

本文を読もう 意味のまとまりを意識しながら読もう。

❽ 1 Let's look at another study of happiness. // 2 It is said that the joy (of connecting with others) is a fundamental aspect of human nature. // 3 Therefore, / psychologists conducted an experiment (about spending money on yourself or on others). //

解説 It is said that: …だと言われている / joy: S / connecting with: 〜とつながること / is: V / 根本的な fundamental / 側面 aspect: C / 解説 human nature: 人間性 / NW psychologists: 心理学者 / NW conducted: 〜を行う / experiment: 実験 / spending money on: 〜にお金を使う

❾ 4 Participants were divided into three groups: / A, B, and C. // 5 Group A was given five dollars (to spend on themselves). // 6 People in Group A bought something like a snack or a drink. // 7 Group B was given five dollars / and Group C was given twenty dollars / (to spend on others). // 8 Both groups spent the money on a gift for someone / or donated it to charity. // 9 After spending the money, / participants were asked to evaluate their happiness level. // 10 Interestingly, / Groups B and C felt happier than Group A. // 11 However, / there was no difference between Groups B and C in happiness levels. //

NW Participants: 参加者 / were divided into: 〜に分けられた / was given: 〜を与えられた / to spend: 〜するために / like: 〜のような / to spend: 〜するために / NW donated: 〜を寄付する / 解説 After spending: 〜したあと / were asked to: 〜するよう頼まれた / NW evaluate: 〜を評価する / NW Interestingly: 興味深いことに / there was no difference: 違いがなかった / between … and …: 〜と…の間に

❿ 12 From this experiment, / we can learn [that spending any amount on others increases your happiness]. // 13 In other words, / focusing on others rather than yourself / leads to greater happiness. //

解説 we: S / can learn: V / [that …]: O / spending any amount on others: [S' / increases: V' / your happiness: O'] / 解説 In other words: 言い換えれば / focusing on: 〜に重点を置く，目を向ける / rather than: 〜よりはむしろ / leads to: 〜につながる

読解のポイント

- ▶ 心理学者たちが行った実験はどのようなものだろうか。
- ▶ 参加者たちはどのようなお金の使い方をしたのだろうか。
- ▶ この実験からわかったことはどんなことだろうか。

2 It is said that the joy of connecting with others is a fundamental aspect of human nature.

・It is said that ... は「…だと言われている」。that 節の中の主語は the joy ... others で，〈S＋V＋C〉の文型。

全文を訳しなさい。
(　　　　　　　　　　　　　　　　　　　　　　　　　　　　　　)

3 Therefore, psychologists conducted an experiment about spending money on yourself or on others.

・spending money on は spend ～ on ...「～を…に使う」の表現の spend が動名詞になったもので，on ... にあたる部分が on yourself と on others の２つある。

訳を完成させなさい。
それゆえ，心理学者たちは（　　　　　　　　　　　　　　　　）を行った。

9 After spending the money, participants were asked to evaluate their happiness level.

・were asked to *do* は「～するよう頼まれた」の意味だが，これは，〈ask＋O＋to *do*〉「O に～するよう頼む」の文が受動態になった形。

12 From this experiment, we can learn that spending any amount on others increases your happiness.

・learn that ... で「…であると(いうことを)学ぶ」。that 節の中の主語は spending ... others で，これは spend ～ on ... の表現の spend が動名詞になったもの。any amount は「いくらでも」の意味だが，ここは any amount of money のことを言っている。

訳を完成させなさい。
この実験から，私たちは，（　　　　　　　　　　　　）学ぶことができる。

13 In other words, focusing on others rather than yourself leads to greater happiness.

・In other words は「言い換えれば」の意味で，この文はすぐ前の文の内容を言い換えた内容だとわかる。focusing on ... yourself が文の主語。

2　ほかの人々とつながることの喜びは，人間性の根本的な側面だと言われている。　3　自分自身にお金を使うか，それとも他人にお金を使うかに関する実験　12　(金額が)いくらでも，他人に(お金を)使うことは幸福感を高めると(いうことを)

LESSON 10

Part 4 Which makes you happier, the number or the diversity of friends?

教科書 p.158〜159

本文を読もう 意味のまとまりを意識しながら読もう。

➲解説
⓫ [1] Building good relationships with others is another significant factor [that can increase your happiness]. // [2] According to research, / people [who have good relationships with their family and friends] have higher levels of happiness. // [3] Also, / good relationships offer a wide range of health benefits. // [4] They can delay cognitive decline, / improve sick people's well-being, / and even prolong life expectancy. //

(S: Building good relationships with others / V: is / C: another significant factor; 重要な; NW 要素; 〜によれば; 〜との関係; より高水準の〜; 広範囲の; 健康効果; ➲解説; NW 認知の; 〜を遅らせる; NW 低下; 幸福; NW 〜を延ばす; 平均 NW 予想 余命)

➲解説
⓬ [5] Interestingly, / the diversity of your friends is reported to be more important / than the number of friends [you have]. // [6] Just having many friends does not necessarily make you happier. // [7] Friends of different genders, ages, or nationalities / can expand your world. // [8] Through relationships with many different kinds of people, / your life can be enriched / and your happiness can be increased. //

(興味深いことに; 多様性; 〜であると報告されている; ➲解説; S: Just having many friends; NW 必ずしも(〜ない); V: make / O: you / C: happier; 〜を広げる; ➲解説; 〜との関係; 〜を豊かにする)

➲解説
⓭ [9] Some people may believe [that whether you are happy or not depends on luck]. // [10] However, / as you have learned so far, / there are a number of ways (to increase your happiness). // [11] It is important that you try to shape your own happiness. // [12] So, / what would you like to do / (to make yourself happier)? //

(S: Some people / V: may believe / O: that ... ; [S': whether you are happy or not / V': depends on]; KP 〜次第である; …のように; KP これまでに; 多くの; 〜しようとする; 〜を形作る; 〜するために)

読解のポイント

▶ 幸福感を高めることができるもう１つの重要な要素は何だろうか。
▶ それは私たちにどのような効果をもたらすだろうか。
▶ どのような友人を持つことが幸福につながるのだろうか。

1 Building good relationships with others is another significant factor that can increase your happiness.

・Building ... others が文の主語。that は関係代名詞で，that 以下が先行詞である factor を修飾。

全文を訳しなさい。
(　　　　　　　　　　　　　　　　　　　　　　　　　　　　　　　　　　　)

4 They can delay cognitive decline, improve sick people's well-being, and even prolong life expectancy.

・They はすぐ前の文の good relationships を指す。delay，improve，prolong の３つの動詞が can のあとに続いている。

5 Interestingly, the diversity of your friends is reported to be more important than the number of friends you have.

・is reported to be は「～であると報告されている」という意味だが，これは，it is reported that ... の文の that 節の主語を文の主語にして書き換えた形。

6 Just having many friends does not necessarily make you happier.

・necessarily が否定文で使われると，「必ずしも～ではない」という部分否定の意味になる。

全文を訳しなさい。
(　　　　　　　　　　　　　　　　　　　　　　　　　　　　　　　　　　　)

8 Through relationships with many different kinds of people, your life can be enriched and your happiness can be increased.

・through は「～を通して」。Through ... of people は through で始まる前置詞句。can be enriched と can be increased は助動詞を含む受動態〈助動詞＋be＋過去分詞〉。

9 Some people may believe that whether you are happy or not depends on luck.

・whether ... or not は「～かどうか(ということ)」の意味の名詞節で，that 節内の主語になっている。depend on は「～次第である」。**KP**

訳を完成させなさい。
(　　　　　　　　　　　　　　　　　　　　)と信じている人もいるかもしれない。

1　ほかの人々とよい関係を築くことは，(あなたの)幸福感を高めることができるもう１つの重要な要素だ。　6　単に多くの友人を持つことは，必ずしもあなたをより幸せにするということではない［多くの友人を持つだけでは，あなたは必ずしもより幸せになるとは限らない］。
9　幸せかどうか(ということ)は運次第だ

文法のまとめ

受動態の表現

be told[asked] to *do* の文

be told[asked] to *do* は「～するように言われる[頼まれる]」の意味を表すが，〈tell [ask] + O + to *do*〉「O に～するように言う[頼む]」の O が主語となった受動態。

・After that, all students were told to complete word puzzles in pairs. 〔p.152, 6〕
（その後，すべての学生がペアでワードパズルを完成させるように言われた。）
（← They told all students (O) to complete word puzzles in pairs.）

・After spending the money, participants were asked to evaluate their happiness level. 〔p.156, 9〕
（お金を使ったあと，参加者たちは自分の幸福度を評価するように頼まれた。）
（← They asked participants (O) to evaluate their happiness level.）

It is said that ... の文

It is said that ... は「…(である)と言われている，…だそうだ」の意味を表す。この文の It は形式主語で「それは」の意味はもたない。that 節が真主語となる。

・It is said that the joy of connecting with others is a fundamental aspect of human nature. 〔p.156, 2〕
（他者とつながることの喜びは，人間の本能の根本的な側面だと言われている。）

※ It is said that ... の文は，that 節の主語を文の主語にして書きかえることができる。
→ The joy of connecting with others is said to be a fundamental aspect of human nature.

※また，They say that ...「…だそうだ」の文もほぼ同じ意味を表し，書きかえが可能である。
→ They say that the joy of connecting with others is a fundamental aspect of human nature.

演習問題

❶ 日本語に合うように，（　）に適する語を書きなさい。

(1) 生徒たちはもっと一生懸命に勉強するように言われた。
The students (　　　　) (　　　　) (　　　　) study harder.

(2) 私たちはこれらの本を図書館へ運ぶように頼まれた。
We were (　　　　) (　　　　) (　　　　) these books to the library.

(3) 時間はお金より貴重だと言われている。
It (　　　　) (　　　　) (　　　　) time is more precious than money.

❷ 英文をほぼ同じ意味に書きかえるとき，（　）に適する語を書きなさい。

(1) They told us to have lunch here.
We were (　　　　) (　　　　) (　　　　) lunch here.

(2) They asked him to help them.
He was (　　　　) (　　　　) (　　　　) them.

(3) It is said that he is the best soccer player in the world.
He is (　　　　) (　　　　) (　　　　) the best soccer player in the world.

(4) It is said that walking is good for health.
(　　　　) (　　　　) (　　　　) walking is good for health.

❸ 日本語に合うように，（　）内の語句を並べかえて英文を完成させなさい。

(1) 彼らはそれらの質問に答えるように言われた。
They (those / were / to / questions / answer / told).

____

(2) 私たちはボランティアの人々を手伝うように頼まれた。
We (asked / help / were / volunteers / to).

____

(3) 日本人は勤勉だと言われている。
(Japanese people / is / that / it / said / diligent / are).

____

演習問題の答え ❶ (1)　were told to ▶ be told to *do*「〜するように言われる」　(2)　asked to carry ▶ be asked to *do*「〜するように頼まれる」　(3)　is said that　❷ (1)　told to have ▶ 受動態の文にする。(2) asked to help ▶ 受動態の文にする。　(3)　said to be ▶ that 節の主語を文の主語にして〈主語＋be 動詞＋said to *do*〉の形にする。　(4)　They say that ▶ It is said that ... ＝ They say that ...
❸ (1)　(They) were told to answer those questions(.)　(2)　(We) were asked to help volunteers(.)
(3)　It is said that Japanese people are diligent.

間接疑問文（復習）

〈疑問詞＋S＋V〉の形は名詞と同じ働きをし，動詞や前置詞の目的語になったり，文の主語や補語になったりすることができる。この形を間接疑問文という。

a.　動詞や前置詞の目的語になる場合

・Do you know when the next meeting is?
（次の会議はいつか知っていますか。）

・Let's look at the effects of what people spend their money on.〔p.154, 2〕
（人々が何にお金を使うかの効果について見てみよう。）

b.　文の主語や補語になる場合

・How we can get there is the problem.（どうやってそこへ行けるかが問題だ。）

・Research shows that what makes you happier is not how much you earn, but how you spend your money.〔p.154, 3〕
（研究は，あなたをより幸せにするのはいくら稼ぐのかではなく，どのようにお金を使うのかだと示している。）

whether[if] で始まる間接疑問文

〈whether[if]＋S＋V(＋or not)〉は「Sは[が]〜かどうか」の意味を表し，疑問詞で始まる間接疑問文と同じように動詞や前置詞の目的語になったり，文の主語や補語になったりすることができる。

・Some people may believe that whether you are happy or not depends on luck.
（幸せかどうかは運次第だと信じている人もいるかもしれない。）〔p.158, 9〕

・SRM sounds promising, but I wonder if there are any drawbacks.〔p.140, 3〕
（太陽放射管理（SRM）は有望に思えますが，何か問題点はあるのかな。）

部分否定

all, always, necessarily などの語が not と一緒に使われると，部分否定となる。

・Just having many friends does not necessarily make you happier.〔p.158, 6〕
（多くの友人を持つだけでは，必ずしもより幸せになれるとは限らない。）

・Not all of them are my friends.（彼らの全員が私の友達だというわけではない。）

・I don't always go to bed early.（私はいつも早く寝るわけではない。）

演習問題

❶ 日本語に合うように，（　）に適する語を書きなさい。

(1) あなたは，彼がいつここに来るか知っていますか。
Do you know (　　　　) (　　　　) (　　　　) come here?

(2) 私はあなたがどんなに一生懸命に勉強したか知っています。
I know (　　　　) (　　　　) (　　　　) (　　　　).

(3) 私はこの映画がおもしろいかどうか知りません。
I don't know (　　　　) this (　　　　) (　　　　) interesting.

(4) 彼はこのプレゼントを気に入るかな。
I wonder (　　　　) (　　　　) (　　　　) (　　　　) this present.

❷ 英文を日本語にしなさい。

(1) We still have the problem of where we will hold that event.
(　　　　　　　　　　　　　　　　　　　　)

(2) Whether it will be fine tomorrow does not matter.
(　　　　　　　　　　　　　　　　　　　　)

(3) You don't necessarily have to come here early.
(　　　　　　　　　　　　　　　　　　　　)

❸ 日本語に合うように，（　）内の語句を並べかえて英文を完成させなさい。

(1) 問題は，私たちがどうやってその情報を得られるかということだ。
The problem (that / we / get / information / is / can / how).

____

(2) 私が知りたいのは，なぜ彼がそこへ行ったかということだ。
What (he / there / why / want / know / I / is / to / went).

____

(3) 私はいつも夕食前にピアノを練習するわけではない。
I (the piano / always / before / practice / dinner / don't).

____

演習問題の答え ❶ (1) when he will ▶ when 以下は名詞節になるので未来のことは未来表現で表す。 (2) how hard you studied ▶ hard は how のあとに置く。 (3) whether[if], movie is (4) whether[if] he will like ▶ whether[if] 以下は名詞節になるので未来のことは未来時制で表す。 ❷ (1) 私たちには，どこでそのイベント[行事]を開催するかという問題がまだ残っている。 (2) 明日晴れるかどうかは問題ではない。 (3) あなたは必ずしも早くにここへ来る必要はない。▶ 部分否定の文。 ❸ (1) (The problem) is how we can get that information(.) (2) (What) I want to know is why he went there(.) ▶ (2)(3) 間接疑問文が補語になる。 (3) (I) don't always practice the piano before dinner(.)

Key Phrases のまとめ

(ページ)

152	□ **of all ages** あらゆる年齢の People *of all ages* like this song.（あらゆる年齢の人がこの歌を好む）
152	□ **divide ～ into ...** ～を…に分ける The teacher *divided* the students *into* five groups. （先生は生徒を５つのグループに分けた）
152	□ **be concerned about** ～について気にする Don't *be concerned about* that.（そのことは気にしないで）
152	□ **lose confidence in** ～への自信を失う He *lost confidence in* his soccer skills. （彼は自分のサッカーの技術への自信を失った）
154	□ **spend ～ on ...** ～を…に使う She *spends* her free time *on* her hobbies. （彼女は自由な時間を趣味に使う）
154	□ **every time ...** …するたびに *Every time* he visits Kyoto, he sees his old friend. （彼は京都を訪れるたびに，古くからの友人に会う）
158	□ **depend on** ～に頼る，～次第である Don't *depend* too much *on* others.（他人に頼りすぎるな）
158	□ **so far** これまでに Both teams have scored no points *so far*.（両チームともこれまで無得点だ）

その他の重要表現

152	□ **in pairs** ペアで，二人一組で They played that game *in pairs*.（彼らはペアでそのゲームをした）
152	□ **in contrast** その一方 ▶ on the other hand（その一方で）も同じような意味を表す。
154	□ **lead to** ～につながる Diligence *leads to* success.（勤勉は成功につながる）
156	□ **in other words** 言いかえれば ▶類似の表現に that is（すなわち）がある。

演習問題

❶ 日本語に合うように，空所に適語を書きなさい。

(1) あらゆる年齢の人々がそのニュースに関心があった。
People (　　　　) (　　　　) (　　　　) were interested in that news.

(2) 彼らは参加者たちを８つのグループに分けた。
They (　　　　) the participants (　　　　) eight groups.

(3) 彼はそのお金を友達にプレゼントを買うのに使った。
He (　　　　) that money (　　　　) buying a present for his friend.

(4) 彼女はその写真を見るたびに，彼女の祖父母を思い出す。
(　　　　) (　　　　) she sees that picture, she remembers her grandparents.

(5) あなたの成功はあなたの努力次第だ。
Your success (　　　　) (　　　　) your efforts.

(6) 彼らはペアでダンスコンテストに参加した。
They participated in the dance contest (　　　　) (　　　　).

❷ 英文を日本語にしなさい。ただし，(4)・(6) は下線部のみ。

(1) She is concerned about the result of the exam.
(　　　　　　　　　　　　　　　　　　　　)

(2) He lost confidence in himself.
(　　　　　　　　　　　　　　　　　　　　)

(3) I have been abroad twice so far.
(　　　　　　　　　　　　　　　　　　　　)

(4) He likes sports. <u>In contrast, his brother doesn't.</u>
(　　　　　　　　　　　　　　　　　　　　)

(5) His carelessness led to an accident.
(　　　　　　　　　　　　　　　　　　　　)

(6) Don't be late tomorrow. <u>In other words, you have to come by nine a.m.</u>
(　　　　　　　　　　　　　　　　　　　　)

演習問題の答え ❶ (1) of all ages　(2) divided, into　(3) spent, on　(4) Every time　(5) depends on　(6) in pairs　❷ (1) 彼女は試験の結果について気にしている。　(2) 彼は自分自身への自信を失った。　(3) 私はこれまでに２回海外へ行ったことがある。　(4) その一方，彼の兄[弟]は（スポーツが）好きではない。　(5) 彼の不注意が事故につながった。　(6) 言いかえれば，あなたは午前９時までに来なければなりません。

定期テスト対策問題

❶ 日本文に合う英文になるように，空所に適する語を書きなさい。

□(1) 私たちの成功は私たちの努力次第だ。
Our success ＿＿＿＿ ＿＿＿＿ our efforts.

□(2) 私はこれまでにこの種の話を何度も聞いたことがある。
I have heard this kind of story many times ＿＿＿＿ ＿＿＿＿.

□(3) 世界中の人々がそのイベントにやってきた。
People ＿＿＿＿ around the ＿＿＿＿ came to that event.

□(4) このゲームには二人一組で参加してください。
Please join this game ＿＿＿＿ ＿＿＿＿.

□(5) 多くの人が今この話題に目を向けている。
Many people are ＿＿＿＿ ＿＿＿＿ this topic now.

❷ 各組の英文がほぼ同じ内容を表すように，空所に適する語を書きなさい。

□(1) The teacher told the students to stay in the classroom.
The students were ＿＿＿＿ ＿＿＿＿ stay in the classroom.

□(2) Whenever he visits us, we have lunch together.
＿＿＿＿ ＿＿＿＿ he visits us, we have lunch together.

❸ 日本文に合う英文になるように，(　) 内の語句を並べかえなさい。

□(1) 彼は両親の健康について気にしている。
(his parents' / concerned / health / he / about / is).

＿＿＿＿＿＿＿＿＿＿＿＿＿＿＿＿＿＿＿＿

□(2) この映画はあらゆる年齢の人々に愛されるだろう。
This movie (loved / all / people / be / of / ages / by / will).
This movie ＿＿＿＿＿＿＿＿＿＿＿＿＿＿＿＿.

❹ 英文を日本文にしなさい。

□(1) Don't lose confidence in yourself.

＿＿＿＿＿＿＿＿＿＿＿＿＿＿＿＿＿＿＿＿

□(2) Having many types of friends is reported to be important.

＿＿＿＿＿＿＿＿＿＿＿＿＿＿＿＿＿＿＿＿

□(3) Expensive goods do not necessarily make you happy.

＿＿＿＿＿＿＿＿＿＿＿＿＿＿＿＿＿＿＿＿

❺ 日本文を英文にしなさい。

□(1) あなたはそのお金を何に使いましたか。

____

□(2) 彼の話が本当かどうかは今は問題ではない。

____

読解

❻ 次の英文を読んで，あとの問いに答えなさい。

Let's look at another study of happiness. ①<u>It (　　) (　　) that</u> the joy of connecting with others is a fundamental aspect of human nature. Therefore, psychologists conducted an experiment about spending money on yourself or on others.

Participants were divided (②) three groups: A, B, and C. Group A was given five dollars to spend on themselves. People in Group A bought something like a snack or a drink. Group B was given five dollars and Group C was given twenty dollars to spend on others. Both groups spent the money on a gift for someone or donated it to charity. After spending the money, ③<u>participants (their happiness / were / to / asked / evaluate) level</u>. Interestingly, Groups B and C felt happier than Group A. However, there was no difference between Groups B and C in happiness levels.

From this experiment, we can learn that spending any amount on others increases your happiness. ④<u>In (　　) (　　),</u> focusing on others rather (⑤) yourself leads to greater happiness.

(1) 下線部①・④が次の意味になるように，(　　)に適語を1語ずつ書きなさい。

□① …だと言われている　It ________ ________ that ...

□④ 言いかえれば　In ________ ________,

(2) 本文の流れに合うように，②・⑤の (　　) 内に適する1語をそれぞれ書きなさい。

□② ________　⑤ ________

□(3) 下線部③が「参加者たちは幸福度を評価するように求められた」という意味になるように，(　　) 内の語句を並べかえなさい。

participants ______________________________ level

(4) 本文の内容と合っているものには○を，合っていないものには×を書きなさい。

□(a) Participants in Groups B and C were given money to spend on others.　(　　)

□(b) If we spend a large amount of money on others, we will be happier than those who spend less amount of money on others.　(　　)

定期テスト対策問題の解答・解説

❶ (1) depends on　(2) so far　(3) all, world　(4) in pairs
(5) focusing on

解説 (1)「～次第である」は depend on。
(2)「これまでに」は so far。
(3)「世界中の」は all around the world。
(4)「二人一組で」は in pairs。
(5)「～に目を向ける」は focus on。

❷ (1) told to　(2) Every time

解説 (1)「先生は生徒たちに教室にいるように言った」という文を，The students were で始めて言いかえるので，受動態の文にする。〈tell + O + to *do*〉「O に～するように言う」の受動態は〈主語 + be 動詞 + told to *do*〉の形になる。
(2)「彼が私たちを訪れるときはいつでも，私たちはいっしょに昼食を食べる」という文を，Whenever の部分を 2 語にしてほぼ同じ内容に言いかえる。every time ...「…するたびに」を使う。

❸ (1) He is concerned about his parents' health.
(2) (This movie) will be loved by people of all ages(.)

解説 (1)「～について気にする」は be concerned about で表す。
(2)「愛されるだろう」は助動詞を含む受動態〈will be + 過去分詞〉で表す。「あらゆる年齢の」は of all ages で表す。

❹ (1) 自分自身への自信を失ってはいけません。
(2) 多くの種類[タイプ]の友達を持つことが重要であると報告されている。
(3) 高価な品物が必ずしもあなたを幸せにするとは限らない。

解説 (1) lose confidence in は「～への自信を失う」。
(2) is reported to be ～は「～であると報告されている」。
(3) not necessarily は「必ずしも～ない」という部分否定。

❺ (1) What did you spend the money on?

(2) Whether his story is true or not does not matter now.

解説 (1) 「～を…に使う」は spend ～ on ... で表す。「...」(＝on の目的語) が疑問詞 what になって文頭に出た形と考える。

(2) 「～かどうか (ということ)」は whether ～ or not で表し, 文の主語にする。「問題ではない」は does not matter で表す。

❻ (1)① is said　④ other words

(2)② into　⑤ than

(3) (participants) were asked to evaluate their happiness (level)

(4)(a) ○　(b) ×

解説 (1) ① 「…だと言われている」は It is said that ... で表す。

④ 「言いかえれば」は in other words。

(2)② were divided into ～で「～に分けられた」の意味になる。

⑤ rather than ～で「～よりはむしろ」の意味になる。

(3) 「～するように求められる」は be asked to *do* で表す。

(4)(a) 「グループ B と C の参加者はほかの人々に使うためのお金を与えられた」という文。本文第 2 段落, 3 番目の文の内容と合っている。

(b) 「もし私たちが多額のお金をほかの人々に使うと, より少額のお金をほかの人々に使う人たちよりも幸せな気持ちになるだろう」という文。本文第 2 段落の最後の文や, 第 3 段落の最初の文参照。グループ B とグループ C では与えられたお金の額に差はあったものの, 幸福度に違いはなかったこと, 金額に関係なく, ほかの人々にお金を使うと幸福度が上がることが述べられているので, 内容と合っていない。

単語のまとめ

LESSON ごとに新出単語を教科書の本文に出てくる順にまとめました。空所を埋めて，復習の際に役立てましょう。

LESSON 1

答えは p.221

覚えたらチェック	単語	品詞・意味
□	confident	形 (1) [ ]
□	direction	名 (2) [ ]
□	(3) [ ]	名 リーダーシップ，統率力
□	cooperative	形 (4) [ ]
□	(5) [ ]	形 現代の
□	empower	動 (6) [ ]
□	enhance	動 (7) [ ]
□	incredible	形 (8) [ ]
□	pace	名 (9) [ ]
□	tackle	動 (10) [ ]
□	ongoing	形 (11) [ ]
□	assert	動 (12) [ ]
□	(13) [ ]	動 差別する
□	heartlessly	副 (14) [ ]
□	(15) [ ]	名 抵抗運動
□	(16) [ ]	動 ～を投獄する
□	(17) [ ]	名 責任
□	(18) [ ]	動 ～を信頼する
□	follower	名 (19) [ ]
□	(20) [ ]	名 自由
□	invest	動 (21) [ ]
□	(22) [ ]	名 関係
□	networking	名 (23) [ ]
□	(24) [ ]	名 ラグビー
□	(25) [ ]	名 伝説的な人物，伝説
□	interact	動 (26) [ ]

□	(27) [ ]	名 芸能
□	(28) [ ]	副 客観的に
□	(29) [ ]	名 調和
□	(30) [ ]	名 交流
□	(31) [ ]	動 ～に取って代わる
□	(32) [ ]	形 人工の
□	(33) [ ]	名 知能
□	navigate	動 (34) [ ]
□	task	名 (35) [ ]
□	repetitive	形 (36) [ ]
□	(37) [ ]	形 医学の
□	diagnose	動 (38) [ ]
□	(39) [ ]	名 温かさ
□	(40) [ ]	名 思いやり
□	emotion	名 (41) [ ]
□	(42) [ ]	名 文脈

LESSON 2

答えは p.221

覚えたらチェック	単語	品詞・意味
□	(1) [ ]	形 快適な
□	available	形 (2) [ ]
□	(3) [ ]	形 適している
□	(4) [ ]	形 湿度の高い
□	absorb	動 (5) [ ]
□	moisture	名 (6) [ ]
□	(7) [ ]	形 耐性がある
□	(8) [ ]	動 しなる
□	tremor	名 (9) [ ]
□	(10) [ ]	形 木の
□	plentiful	形 (11) [ ]

□	(12) [ ]	形 実用的な
□	(13) [ ]	動 ～を反射する
□	(14) [ ]	名 地域
□	indoor	形 (15) [ ]
□	(16) [ ]	動 ～をはじく
□	disinfect	動 (17) [ ]
□	(18) [ ]	名 雨水
□	functional	形 (19) [ ]
□	(20) [ ]	名 ラクダ
□	diverse	形 (21) [ ]
□	roam	動 (22) [ ]
□	(23) [ ]	名 生活様式
□	(24) [ ]	名 ストーブ，暖炉
□	chimney	名 (25) [ ]
□	maintain	動 (26) [ ]
□	(27) [ ]	動 ～を運搬する
□	(28) [ ]	副 伝統的に
□	(29) [ ]	名 羊毛
□	(30) [ ]	副 快適に
□	(31) [ ]	名 多様性
□	equip	動 (32) [ ]
□	utility	名 (33) [ ]
□	vanish	動 (34) [ ]
□	recognize	動 (35) [ ]
□	(36) [ ]	動 ～を宣伝する
□	(37) [ ]	形 国内の
□	renovate	動 (38) [ ]
□	preserve	動 (39) [ ]

LESSON 3

答えは p.221

覚えたらチェック	単語	品詞・意味
□	(1) [ ]	名 分身，アバター
□	confine	動 (2) [ ]
□	lecture	名 (3) [ ]
□	built-in	形 (4) [ ]
□	(5) [ ]	名 マイク
□	(6) [ ]	名 操作者
□	(7) [ ]	副 遠隔で
□	technical	形 (8) [ ]
□	(9) [ ]	形 情熱的な
□	(10) [ ]	形 満足した
□	(11) [ ]	名 孤独
□	disassemble	動 (12) [ ]
□	consult	動 (13) [ ]
□	(14) [ ]	名 専門家
□	(15) [ ]	名 試行
□	(16) [ ]	名 誤り
□	prototype	名 (17) [ ]
□	utilize	動 (18) [ ]
□	(19) [ ]	名 福祉
□	disabled	形 (20) [ ]
□	(21) [ ]	名 フィードバック，感想
□	(22) [ ]	名 障がい
□	(23) [ ]	名 助手
□	potential	名 (24) [ ]
□	(25) [ ]	動 おしゃべりする
□	recess	名 (26) [ ]
□	staff	動 (27) [ ]
□	(28) [ ]	名 客

□	(29) [ ]	形 肉体的な
□	(30) [ ]	名 雇用
□	(31) [ ]	副 じかに，直接に
□	(32) [ ]	動 参加する
□	isolation	名 (33) [ ]

LESSON 4

答えは p.221

覚えたらチェック	単語	品詞・意味
□	(1) [ ]	名 トン
□	edible	形 (2) [ ]
□	release	動 (3) [ ]
□	(4) [ ]	名 灰
□	(5) [ ]	動 ～を汚染する
□	(6) [ ]	名 土壌
□	ethical	形 (7) [ ]
□	(8) [ ]	形 衝撃的な
□	starvation	名 (9) [ ]
□	morally	副 (10) [ ]
□	industrial	形 (11) [ ]
□	household	形 (12) [ ]
□	discard	動 (13) [ ]
□	(14) [ ]	形 売れ残りの
□	occasion	名 (15) [ ]
□	(16) [ ]	名 量
□	leftover	形 (17) [ ]
□	(18) [ ]	形 正直な
□	(19) [ ]	形 有罪の
□	embarrassed	形 (20) [ ]
□	(21) [ ]	名 法律
□	(22) [ ]	名 産業

□	(23) [ ]	名 消費者
□	(24) [ ]	動 協力する
□	successfully	副 (25) [ ]
□	(26) [ ]	名 組織
□	(27) [ ]	動 ～を配布する
□	(28) [ ]	名 包装
□	(29) [ ]	名 期限切れ
□	(30) [ ]	形 家がない，ホームレスの
□	(31) [ ]	形 不必要な
□	app	名 (32) [ ]
□	fridge	名 (33) [ ]
□	(34) [ ]	名 容器
□	(35) [ ]	形 食べ残しの
□	(36) [ ]	名 ラベル

LESSON 5

答えは p.221

覚えたらチェック	単語	品詞・意味
□	obtain	動 (1) [ ]
□	infectious	形 (2) [ ]
□	guard	動 (3) [ ]
□	property	名 (4) [ ]
□	indispensable	形 (5) [ ]
□	(6) [ ]	名 パートナー，相棒
□	stroke	動 (7) [ ]
□	(8) [ ]	動 ～を低下させる
□	(9) [ ]	名 圧力
□	(10) [ ]	名 危険性
□	(11) [ ]	名 介助
□	assist	動 (12) [ ]
□	(13) [ ]	形 感情の

□	comfort	動 (14) [ ]
□	disorder	名 (15) [ ]
□	overwhelm	動 (16) [ ]
□	anxiety	名 (17) [ ]
□	relieve	動 (18) [ ]
□	(19) [ ]	名 代わり，代替物
□	(20) [ ]	名 書類
□	companionship	名 (21) [ ]
□	(22) [ ]	名 療法
□	stimulus	名 (23) [ ]
□	(24) [ ]	名 喜び
□	furry	形 (25) [ ]
□	(26) [ ]	名 治療
□	developmental	形 (27) [ ]
□	neurological	形 (28) [ ]
□	sensory	形 (29) [ ]
□	motor	形 (30) [ ]
□	within	前 (31) [ ]
□	cure	動 (32) [ ]
□	well-being	名 (33) [ ]
□	rehabilitate	動 (34) [ ]
□	path	名 (35) [ ]
□	(36) [ ]	名 施設
□	offender	名 (37) [ ]
□	juvenile	名 (38) [ ]
□	frustrate	動 (39) [ ]
□	bond	動 (40) [ ]
□	commit	動 (41) [ ]
□	(42) [ ]	名 犯罪
□	remarkably	副 (43) [ ]

LESSON 6

答えは p.222

覚えたらチェック	単語	品詞・意味
□	(1) [ ]	名 架け橋
□	(2) [ ]	名 翻訳家
□	(3) [ ]	形 古典の
□	(4) [ ]	名 文学
□	rural	形 (5) [ ]
□	lecturer	名 (6) [ ]
□	(7) [ ]	名 選集
□	(8) [ ]	動 ～を翻訳する
□	mentor	名 (9) [ ]
□	advise	動 〈advise ～ to *do*〉 (10) ～に…するよう [ ]
□	(11) [ ]	名 共通点
□	imagery	名 (12) [ ]
□	(13) [ ]	動 ～に思い出させる
□	(14) [ ]	動 ～を出版する
□	(15) [ ]	名 翻訳
□	(16) [ ]	動 (～に賞を)与える
□	unpleasant	形 (17) [ ]
□	pleasantly	副 (18) [ ]
□	(19) [ ]	名 背景
□	aesthetics	名 (20) [ ]
□	fade	動 (21) [ ]
□	intensely	副 (22) [ ]
□	associate	動 (23) [ ]
□	immortality	名 (24) [ ]
□	rhetorical	形 (25) [ ]
□	pun	名 (26) [ ]
□	double	形 (27) [ ]

□	⑵⑻ [　　　　]	名 例外
□	⑵⑼ [　　　　]	名 松
□	concern	動 ⑶⑽ [　　　　]
□	⑶⑴ [　　　　]	名 文法
□	purposely	副 ⑶⑵ [　　　　]
□	⑶⑶ [　　　　]	名 ～版
□	⑶⑷ [　　　　]	名 挿し絵，イラスト
□	organize	動 ⑶⑸ [　　　　]
□	⑶⑹ [　　　　]	名 競技大会
□	⑶⑺ [　　　　]	名 選集
□	cross-cultural	形 ⑶⑻ [　　　　]
□	⑶⑼ [　　　　]	名 使命
□	splendor	名 ⑷⑽ [　　　　]
□	⑷⑴ [　　　　]	動 貢献する
□	whatever	形 ⑷⑵ [　　　　]
□	continually	副 ⑷⑶ [　　　　]
□	strive	動 ⑷⑷ [　　　　]

LESSON 7

答えは p.222

覚えたらチェック	単語	品詞・意味
□	(1) [　　　　]	前 ～とは異なり
□	(2) [　　　　]	形 生物学的な
□	(3) [　　　　]	名 性別
□	(4) [　　　　]	動 ～を稼ぐ
□	bias	名 (5) [　　　　]
□	tend	動 (6) [　　　　]
□	preference	名 (7) [　　　　]
□	(8) [　　　　]	名 アイデンティティ，自己同一性
□	discourage	動 (9) [　　　　]
□	⑽ [　　　　]	名 ギャップ，相違
□	childcare	名 ⑾ [　　　　]

□	⑿ [ ]	形 宗教的な
□	⒀ [ ]	名 信条
□	⒁ [ ]	名 政治
□	percentage	名 ⒂ [ ]
□	female	形 ⒃ [ ]
□	rank	動 ⒄ [ ]
□	⒅ [ ]	形 政治の
□	empowerment	名 ⒆ [ ]
□	⒇ [ ]	名 平等
□	(21) [ ]	名 政策
□	reform	名 (22) [ ]
□	attitude	名 (23) [ ]
□	(24) [ ]	名 不平等
□	rather	副 (25) [ ]
□	likely	形 (26) [ ]
□	parental	形 (27) [ ]
□	due	形 〈due to〉 (28) ～が [ ] で
□	norm	名 (29) [ ]
□	narrow	動 (30) [ ]
□	male	形 (31) [ ]
□	(32) [ ]	名 マイノリティ，少数派
□	(33) [ ]	動 ためらう
□	(34) [ ]	名 恐れ，恐怖
□	reject	動 (35) [ ]
□	garment	名 (36) [ ]
□	normal	形 (37) [ ]
□	(38) [ ]	形 なじみのない
□	(39) [ ]	名 最小，最低
□	(40) [ ]	名 傾向，流行
□	regardless	副 (41) [ ]

□	current	形 ⑷2 [ ]
□	⑷3 [ ]	名 区別
□	beyond	前 ⑷4 [ ]
□	⑷5 [ ]	名 化粧

LESSON 8

答えは p.222

覚えたらチェック	単語	品詞・意味
□	(1) [ ]	名 学者
□	tirelessly	副 (2) [ ]
□	behalf	名 〈on behalf of〉(3) ～の [ ]
□	(4) [ ]	名 紛争
□	persecute	動 (5) [ ]
□	(6) [ ]	形 民族的な
□	force	動 (7) [ ]
□	remain	動 (8) [ ]
□	core	名 (9) [ ]
□	⑽ [ ]	名 10年間
□	humanitarian	形 ⑾ [ ]
□	neighboring	形 ⑿ [ ]
□	⒀ [ ]	名 反応
□	⒁ [ ]	名 危機
□	remaining	形 ⒂ [ ]
□	⒃ [ ]	副 正式に
□	ineligible	形 ⒄ [ ]
□	⒅ [ ]	名 保護
□	⒆ [ ]	名 ジレンマ，板挟み
□	⒇ [ ]	形 革命的な
□	⑵1 [ ]	動 ⑵1 [ ]
□	⑵2 [ ]	動 ～を要請する
□	⑵3 [ ]	名 モットー，主義

□	consistently	副 (24) [ ]
□	front line	名 (25) [ ]
□	temporary	形 (26) [ ]
□	(27) [ ]	名 選択肢
□	relocate	動 (28) [ ]
□	(29) [ ]	形 どちらの～でも
□	(30) [ ]	動 ～を再建する
□	(31) [ ]	名 個人
□	(32) [ ]	名 境界線
□	urge	動 (33) [ ]
□	commitment	名 (34) [ ]
□	(35) [ ]	動 ～を乗り越える
□	(36) [ ]	名 同僚
□	(37) [ ]	形 わずかな
□	(38) [ ]	名 可能性
□	devote	動 (39) [ ]
□	loss	名 (40) [ ]
□	mourn	動 (41) [ ]
□	(42) [ ]	名 信条

LESSON 9

答えは p.222

覚えたらチェック	単語	品詞・意味
□	general	形 (1) [ ]
□	term	名 (2) [ ]
□	(3) [ ]	名 惑星
□	significant	形 (4) [ ]
□	(5) [ ]	名 排出
□	practicable	形 (6) [ ]
□	(7) [ ]	形 太陽の
□	(8) [ ]	名 放射

□	(9) [ ]	名 管理
□	(10) [ ]	名 大気
□	(11) [ ]	形 反射の
□	upper	形 (12) [ ]
□	promising	形 (13) [ ]
□	drawback	名 (14) [ ]
□	(15) [ ]	名 不都合，デメリット
□	eventually	副 (16) [ ]
□	unintended	形 (17) [ ]
□	consequence	名 (18) [ ]
□	severe	形 (19) [ ]
□	(20) [ ]	名 干ばつ
□	rainstorm	名 (21) [ ]
□	(22) [ ]	動 存在する
□	(23) [ ]	形 直接的な
□	(24) [ ]	動 ～を減らす
□	disposal	名 (25) [ ]
□	capture	動 (26) [ ]
□	innovative	形 (27) [ ]
□	(28) [ ]	形 非現実的な
□	full-scale	形 (29) [ ]
□	(30) [ ]	名 実現
□	technique	名 (31) [ ]
□	(32) [ ]	形 居住可能な
□	solid	形 (33) [ ]
□	(34) [ ]	名 炭
□	(35) [ ]	形 凍った
□	aid	動 (36) [ ]
□	further	形 (37) [ ]
□	awareness	名 (38) [ ]

□	reverse	動 (39) [ ]
□	(40) [ ]	形 貴重な
□	(41) [ ]	名 世代

LESSON 10

答えは p.222

覚えたらチェック	単語	品詞・意味
□	pursue	動 (1) [ ]
□	(2) [ ]	名 アンケート
□	(3) [ ]	名 パズル
□	inform	動 (4) [ ]
□	score	名 (5) [ ]
□	(6) [ ]	形 がっかりして
□	concerned	形 (7) [ ]
□	(8) [ ]	名 失敗
□	acquire	動 (9) [ ]
□	goods	名 (10) [ ]
□	clothing	名 (11) [ ]
□	electronics	名 (12) [ ]
□	(13) [ ]	名 説
□	(14) [ ]	名 結論
□	(15) [ ]	名 満足
□	recall	動 (16) [ ]
□	sporting	形 (17) [ ]
□	broaden	動 (18) [ ]
□	(19) [ ]	名 心理学者
□	conduct	動 (20) [ ]
□	(21) [ ]	名 参加者
□	(22) [ ]	動 ～を寄付する
□	(23) [ ]	動 ～を評価する
□	interestingly	副 (24) [ ]

□	(25) [　　　　　　　　]	名 要素
□	cognitive	形 (26) [　　　　　　　　]
□	decline	名 (27) [　　　　　　　　]
□	(28) [　　　　　　　　]	動 ～を延ばす
□	expectancy	名 (29) [　　　　　　　　]
□	(30) [　　　　　　　　]	副 必ずしも（～ない）

単語のまとめの答え

LESSON 1 (p.206)
(1) 自信に満ちた (2) 命令 (3) leadership (4) 協力的な (5) modern (6) ～に力を与える
(7) ～を高める (8) 信じられない (9) 速度 (10) ～に取り組む (11) 進行中の (12) ～を主張する
(13) discriminate (14) 冷酷に (15) resistance (16) imprison (17) responsibility (18) trust (19) 支持者
(20) freedom (21) ～を使う (22) relationship (23) 人脈を築くこと (24) rugby (25) legend
(26) 交流する (27) entertainment (28) objectively (29) harmony (30) interaction (31) replace
(32) artificial (33) intelligence (34) ～を渡っていく (35) 仕事 (36) 繰り返しが多い (37) medical
(38) ～を診断する (39) warmth (40) compassion (41) 感情 (42) context

LESSON 2 (p.207)
(1) comfortable (2) 利用できる (3) suitable (4) humid (5) ～を吸収する (6) 湿気 (7) resistant
(8) bend (9) 揺れ (10) wooden (11) 豊富な (12) practical (13) reflect (14) region (15) 室内の
(16) repel (17) ～を除菌する (18) rainwater (19) 機能的な (20) camel (21) 多様な
(22) 移動する，歩き回る (23) lifestyle (24) stove (25) 煙突 (26) ～を維持する (27) transport
(28) traditionally (29) wool (30) comfortably (31) diversity (32) ～に備え付ける (33) 設備
(34) 消滅する (35) ～を認識する (36) advertise (37) domestic (38) ～を修繕する (39) ～を保存する

LESSON 3 (p.209)
(1) avatar (2) ～を閉じ込める (3) 講義，講演 (4) 内蔵の (5) microphone (6) operator
(7) remotely (8) 専門の (9) passionate (10) satisfied (11) loneliness (12) ～を分解する
(13) ～に助言を求める (14) expert (15) trial (16) error (17) 試作品 (18) ～を活用する (19) welfare
(20) 障がいのある (21) feedback (22) disability (23) assistant (24) (潜在的な) 可能性 (25) chat
(26) 休み時間 (27) ～に (従業員を) 配置する (28) customer (29) physical (30) employment
(31) directly (32) participate (33) 孤立

LESSON 4 (p.210)
(1) ton (2) 食べられる (3) ～を排出する (4) ash (5) pollute (6) soil (7) 倫理的な
(8) shocking (9) 飢餓 (10) 道徳的に (11) 事業の (12) 家庭の (13) ～を廃棄する (14) unsold
(15) 行事 (16) quantity (17) 食べ残しの (18) honest (19) guilty (20) 恥ずかしい (21) law
(22) industry (23) consumer (24) collaborate (25) うまく (26) organization (27) distribute (28) package
(29) expiration (30) homeless (31) needless (32) アプリ (33) 冷蔵庫 (34) container (35) uneaten
(36) label

LESSON 5 (p.211)
(1) ～を得る (2) 伝染性の (3) ～を守る (4) 財産 (5) なくてはならない (6) partner
(7) ～を撫でる (8) lower (9) pressure (10) risk (11) service (12) ～を助ける (13) emotional
(14) ～を慰める (15) 不調 (16) ～を押しつぶす，～を苦しめる (17) 不安 (18) ～を軽減する
(19) alternative (20) document (21) 一緒にいること (22) therapy (23) 刺激 (24) joy
(25) 毛で覆われた (26) treatment (27) 発達の (28) 神経の，神経に関する (29) 感覚の (30) 運動の

(31) ～の範囲において (32) ～を治す (33) 健康 (34) ～を更生させる (35) 道 (36) facility
(37) 犯罪者 (38) 青少年 (39) ～をいらいらさせる (40) 絆が深まる，仲良くなる (41) ～を犯す
(42) crime (43) 驚くべきことに

LESSON 6 (p.213)
(1) bridge (2) translator (3) classical (4) literature (5) 田舎の (6) 講師 (7) collection
(8) translate (9) 助言者 (10) 勧める (11) similarity (12) 心象，イメージ (13) remind (14) publish
(15) translation (16) award (17) 不愉快な，嫌な (18) 愉快に，嬉しく (19) background (20) 美学
(21) 色あせる (22) 鮮烈に (23) ～を関連付ける (24) 永遠性 (25) 修辞的な (26) 語呂合わせ
(27) 二つの (28) exception (29) pine (30) ～に関係する (31) grammar (32) 意図的に (33) version
(34) illustration (35) ～を催す (36) competition (37) selection (38) 異文化間の (39) mission
(40) 輝き (41) contribute (42) どんな～でも (43) 絶えず (44) 努める

LESSON 7 (p.214)
(1) unlike (2) biological (3) sex (4) earn (5) 偏見 (6) 傾向がある (7) 好み (8) identity
(9) ～を思いとどまらせる (10) gap (11) 保育 (12) religious (13) belief (14) politics (15) 割合
(16) 女性の (17) ～を位置付ける (18) political (19) 地位の向上，権限 (20) equality (21) policy
(22) 改革 (23) 態度 (24) inequality (25) むしろ (26) ありえそうな (27) 育児の，親の (28) 原因
(29) 規範 (30) ～を狭める (31) 男性の (32) minority (33) hesitate (34) fear (35) ～を拒絶する
(36) 衣服 (37) ふつうの (38) unfamiliar (39) least (40) trend (41) かかわらず，関係なく (42) 最近の
(43) distinction (44) ～を超えて (45) makeup

LESSON 8 (p.216)
(1) scholar (2) たゆみなく (3) ために (4) conflict (5) ～を迫害する (6) ethnic
(7) ～を強いる (8) とどまる (9) 中心 (10) decade (11) 人道的な (12) 隣の (13) response
(14) crisis (15) 残りの (16) officially (17) 資格のない (18) protection (19) dilemma (20) revolutionary
(21) 接触する (22) request (23) motto (24) 一貫して (25) 最前線 (26) 一時的な (27) option (28) 移る
(29) whichever (30) rebuild (31) individual (32) boundary (33) 力説する (34) 約束 (35) overcome
(36) colleague (37) slight (38) possibility (39) ～を専念させる (40) 死 (41) ～を悼む (42) philosophy

LESSON 9 (p.217)
(1) 全体的な (2) 用語 (3) planet (4) かなりの (5) emission (6) 実行可能な (7) solar
(8) radiation (9) management (10) atmosphere (11) reflective (12) 上部の (13) 有望な
(14) 不利な点，欠点 (15) disadvantage (16) 最終的に (17) 意図しない (18) 結果 (19) 深刻な
(20) drought (21) 暴風雨 (22) exist (23) direct (24) decrease (25) 処理 (26) ～を吸収する
(27) 革新的な (28) unrealistic (29) 大規模な (30) realization (31) 手法 (32) habitable (33) 固い
(34) charcoal (35) frozen (36) ～を促す (37) さらなる (38) 意識 (39) ～を覆す (40) valuable
(41) generation

LESSON 10 (p.219)
(1) ～を追求する (2) questionnaire (3) puzzle (4) ～を知らせる (5) 成績 (6) disappointed
(7) 気にしている (8) failure (9) ～を手に入れる (10) 商品，品物 (11) 衣類

⑿ 電子機器　⒀ theory　⒁ conclusion　⒂ satisfaction　⒃ ～を思い出す　⒄ スポーツの
⒅ ～を広げる　⒆ psychologist　⒇ ～を行う　(21) participant　(22) donate　(23) evaluate
(24) 興味深いことに　(25) factor　(26) 認知の　(27) 低下　(28) prolong　(29) 予想　(30) necessarily

第 1 刷　2023 年 3 月 1 日　発行
第 2 刷　2024 年 3 月 1 日　発行

教科書ガイド　数研出版 版

104 数研〔CⅡ/715〕

BLUE MARBLE
English Communication Ⅱ

表紙デザイン　株式会社リーブルテック

ISBN978-4-87740-495-6

発行所　数研図書株式会社
〒604-0861　京都市中京区烏丸通竹屋町上る
大倉町 205 番地
［電話］　075（254）3001